マンガでわかる！

対人関係の心理学

精神科医
ゆうき ゆう 監修

西東社

マンガでわかる! 対人関係の心理学 contents

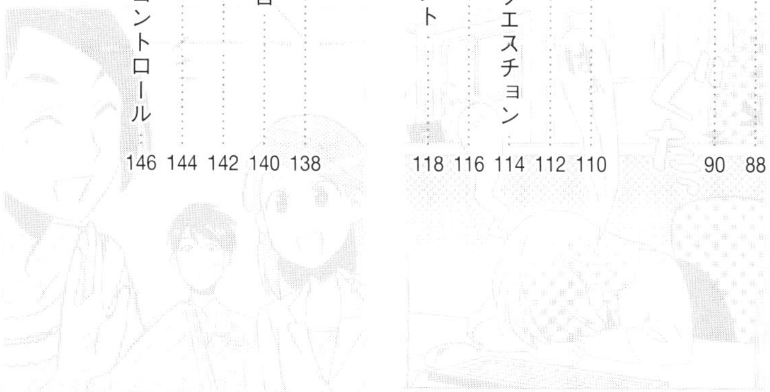

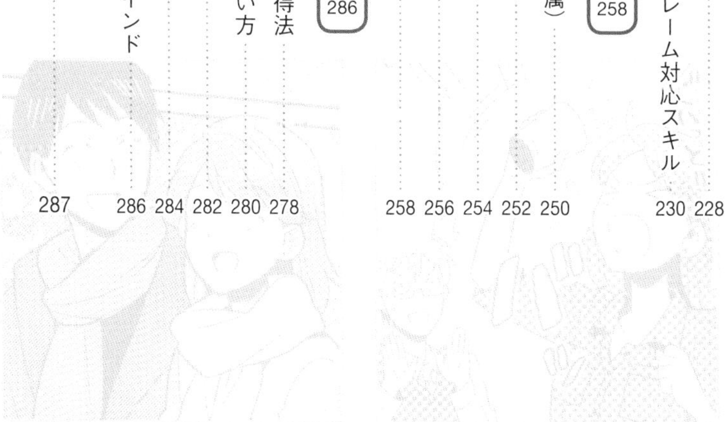

主な登場人物

日比野のぞみ（28）

カップ麺メーカー・池麺食品の総務部主任。企画部開発部から異動となった総務部での人間関係に悩む。息抜きに参加した料理教室でユウと知り合い、心理学を学んでいく。

ユウ

メンタルクリニックの医師。料理教室で知り合ったのぞみに心理学をレクチャーする。甘いものや高カロリーの食べ物が大好き。

青木太蔵（57）

総務部部長。総務部内でも目立たず、事なかれ主義的な性格だが、実はクレーム対応の達人。

鮫島宗一郎（41）

総務部課長。怒りっぽく自分の考えを曲げないところがある反面、真面目で責任感が強い性格。

山根みなみ（28）

のぞみの同期。プライドが高く同期で主任になったのぞみに嫉妬している。意外とPCが得意。

花形和子（47）

花形料理教室の先生。明るく優しいが自分の芯を持っている。腎臓に持病を持っている。

濱村早百合（39）

総務部係長。ウワサ好きでおしゃべりだが、面倒見のよい性格。流行に目がないが意外と家庭的。

藤崎海斗（24）

のぞみの後輩。優しく人当たりがよいが、指示待ち人間な面がある。意外と男らしい面も?

福田昌平（61）

池麺食品のオクラーメンのファン。神経質なタイプで、とある件で総務部にクレームを入れる。

第1章

対人関係で悩む

もう…ストレスMAXなんです…
ズシーン
ストレスMAX
沈んでく…
こんなんじゃダメ！
ストレスを発散させないと…！
というわけで…
花形料理教室
チーズ料理講座開催中

株式会社池麺食品
池麺食品
私はカップ麺を製造・販売する会社に勤めています
日比野のぞみ
食品メーカー「池麺食品」
総務部主任
オクラが入った「ネバネバ！オクラーメン」が最近人気なんです
ただ…
長い間　企画開発部で楽しく仕事していたんですけど…
ネバネバおいしいネバ!!
ネバネバ！オクラ～メン
ええっ？総務部？

そう！
主任として
行ってくれ
いずれ戻ってきて
もらうつもりだけど
いろいろな部署を
経験しておいて
ほしいんだ
頼んだよ
ヒクッ
…
総務部って
ブッブッ
ズ〜ン
イヤ〜
やっかいな社員が
多いっていううわさで
有名なあの総務部？
よりによって
なんで私が…
総務部
ハァ〜

ズズ～
青木太蔵
総務部部長
ボンヤリ…
藤崎海斗
総務部社員
ガンガン
チッ
トントントントン
鮫島宗一郎
総務部課長
濱村早百合
総務部係長
山根みなみ
総務部社員
カタン
春の人事異動から3か月…
総務部の仕事には慣れたし事務処理は真面目な私の性格に合っているんだけど…
やっぱり人間関係には苦しむことに…

チッ
書類はきちんと揃えて提出してくれよまったく
パンパン
ホントうちの会社ってさ～
ねー聞いてるぅ⁉
日比野さんもそう思うでしょ⁉
だからダメなのよね
グチグチグチグチ
ハイ
ハイ
アハハ…
もう…ストレスMAXなんです…
ズシーン
ストレスMAX
沈んでく…
こんなんじゃダメ！
ストレスを発散させないと…！
というわけで…
花形料理教室
チーズ料理講座開催中

この講座では
チーズを使いながら
糖質も塩分も抑えた
体にいいレシピを
お教えしていきますね
花形和子
「花形料理教室」主催
料理研究家
趣味の料理に
没頭するのです！
チーズ大好き〜
Camembert
Gorgonzola
Emmental
あっ
男の人も
いるんだ…
ジャー
へえー
花形先生と
お知り合い
なんですか！

ユウさんには
クリニックでとっても
お世話になっているのよ
クリニック…？
メンタルクリニックの
先生なのよ
にこ
ユウ
精神科医
メンタル
クリニックの…？
私　腎臓に持病があって
気持ちがしんどいときも
あるんだけど…
ユウさんには
とっても励まして
もらっているの
あら　ユウさんと
呼んでいいのかしら
どうぞ
僕もそのほうが
気軽で助かります

この料理教室も先生が自分の体の負担にならないおいしい料理を研究したのが始まりなんですよ
はい 私も教室のHPで拝見しました！
そうよ だから今日もとってもヘルシーな「トマトとモッツァレラチーズのホットサラダ」をメニューにしたの！
ウフフ
花形先生〜
あ
はーい
花形先生って優しい感じの人ですね 先生になるべくしてなったような…
あ、あの ユウさん…？
はい ユウさんでどうぞ
ユウさんは料理がお好きなんですか？

僕は糖質制限ダイエットの必要が出てきちゃってね
ポンポン
医者
ガーン
アウト
えー？そんなに太ってるように見えませんけど！
実は大の甘党で…
恩師に「それ見たことか」っていわれたのは悔しかったな
へぇー意外！
日比野さんはどうしてここに？
え!? えっと…私は…
その
料理は好きなんですケド…
？
にこ

実は…
最近ちょっとストレスが溜まってて…
……
30分後
ほんわぁ〜っ
さあ　完成です！皆さん　試食しながら楽しくおしゃべりしましょう！
わー
おいしそーー!!
あっさりしてるのに旨味がちゃんとあって美味しい！
しあわせ〜
ブンブン
うんっ
これは今の僕にぴったりの料理だ
びよ〜ん
もご…
あ〜でもコレを食べたら休日も終わりだな〜

明日からまた会社だ…
はぁぁぁぁぁ
ドロドロ
あの よかったら…
悩みを話してみない？
少しは役に立てるかも
え…
話を聞いてもらえるだけでもありがたいかも…
いいんですか？
…じゃあお言葉に甘えて…
なるほど… 新しい部署での人間関係ね…
イライラしている人ばっかりで…
クワッ
会社なんだからみんなもっと大人の態度で仕事をすべきだと思うんです！

ほほはほはいほ？
（大人の態度）
？
みょ〜〜ん
そうだね…
実は人間の脳には
他人の感情を鏡写しのように感じてしまう〈ミラーニューロン〉というのがあってね
ゴクン
〈ミラーニューロン〉…？
イライラしている人を思い出すだけでも自分もイライラしてしまってストレスをためてしまうことがあるんだ
キッ
イライラ イライラ イラ
うぐぐ
…はい
だからそんな環境だと休日でもストレスから解放されない状況が続くかもね
お休みなのに会社のコトがはなれない…
ガーン
そんなぁ！
いまの会社は好きなんです…！
条件もいいですし
ただ…

みんなとどう接したらいいのかがわからなくて…それが不安なんです
なるほど…
日比野さんは**対人恐怖症**って知ってる？
えっ
名前だけは…

恥をかきたくない嫌な目にあいたくないといった心理が過剰に働いてうまく会話ができなくなったりする症状のことだね

心理学ファイル 01 対人恐怖症

必要以上に相手からの評価を気にするあまり、人と接する場面で緊張や不安を抱く症状のことです。
過去に恥ずかしい思いをしたことが原因になったり、自分の発言で和を乱すことを恐れすぎたりすることが原因になったりして症状が出ます。

対人恐怖症の例

赤面恐怖症	発汗恐怖症

カァァァ
人と話すと顔が赤くなるのが恥ずかしい…

ダラダラ
また汗が出てきた…嫌われちゃうかも…

▶P26へGO!

❗視線が気になる「視線恐怖症」など、対人恐怖症にはさまざまな種類があります。 P32へGo!

心理学ファイル 02 対人認知欲求

周囲の人の行動や感情が気になり、知りたくなる欲求のこと。
この欲求が強いと、他人の顔色をうかがうことに神経を使ってストレスになってしまいます。

対人認知欲求が強い人 →
- 自己評価が低くなる
- 屈辱的同調をしてしまう

▶P28へGO!

心理学ファイル 03 認知の歪み

仕事のミスを叱られただけなのに、「私のことを嫌いだから叱ったんだ」などと、偏った主観的な思い込みをしてしまうことをいいます。

①全か無か思考

②結論の飛躍

③過度の一般化思考

④すべき思考

▶P30へGO!

このような相手の立場や気持ちを理解する技術のことを、「ソーシャル・スキル」といいます。
P34へGo!

今日のお話…いろいろと思い当たるところが多すぎて…
ふぅ
そんなに思いつめる必要はないよ
気楽なアドバイス程度に受け止めてもらえるとうれしいな
……
あーさっきのトマトおいしかったなー
あのっ…!
ん?
あ…
料理教室でお会いするときだけでかまわないので
これからもちょっとだけほんのちょっとだけアドバイスしてもらっていいですか…?

お安い御用だよ!
僕も池麺食品の「ネバネバ!オクラーメン」が大好きだしね
今はカップ麺はちょっと控えてるけど
オクラーメン
ありがとうございます!
こうして私はチーズ料理を学びながらユウさんにアドバイスしてもらうことになったんです…

心理学ファイル

01

キーワード 対人恐怖症

人前で話すのが怖いときは

現代を生きる社会人の悩みで、最も多い悩みが人間関係の悩みであるといわれています。

仕事でもプライベートでも、人間が生活していくうえで、人と関わることは避けられません。相手の目を気にして行動することは、自然であり必要なことです。

しかし、他人の目を過度に恐れ、ストレスを感じる人も少なくありません。そういった症状を**対人恐怖症（対人恐怖または社会恐怖）**といいます。他人の目を気にしすぎるあまり、他人と接することに必要以上の恐怖心を持ってしまう状態です。

対人恐怖症の人は、「恥をかきたくない」などと過剰に思い込むあまり、行動がぎこちなくなって、ますます失敗が増えがちです。一方で、「他人の目を過剰に気にする」ということは、「他人から見た自分のことを過剰に気にする」ということでもあります。

他人から見た自分はどのように映っているのか…。対人恐怖症は、そのような**自意識過剰**から引き起こされることが多いのです。

たとえば、子どもの頃に人前で恥ずかしい思いをしたなどの経験があると、それが**トラウマ（心的外傷）**となることがあります。

心理テク

対人不安をやわらげるには

① 深呼吸する

緊張すると呼吸が浅く早くなります。深く大きく息を吸い、吐くことで自然と気分を落ち着かせることができます。

② 人の話を聞く

「上手に話さなければ」という意識が、さらなる緊張を呼びます。うまく話そうとする前に相手の話を聞くことに集中しましょう。

③ 開き直る

「うまくやろう」「失敗したくない」という気持ちでは、体が固くなり逆にうまくいきません。「少しくらい失敗してもいいや」という気軽な気持ちのほうが不安がやわらぎ結果がでます。

その結果、自意識過剰となり、対人恐怖症につながることもあるのです。しかし、会話などの経験を積んで他人との接触に慣れていくことで、対人恐怖症を改善していくことは十分可能です。

　対人恐怖症の症状をやわらげたいのであれば、まずは包み隠さず「実は人と話すのが苦手で…」と打ち明けてしまったほうが、楽な気持ちになれるでしょう。

　対面での会話が苦手な人は、相手の目を見て話すことさえできない人が多いのですが、意識して相手の目を見て話すようにする、それができたら笑顔での会話を心がけてみるなど、**小さな目標**を定めて少しずつクリアしていきましょう。すると、次第に**自信**が持てるようになるはずです。

④ 自分に自信を持つ

対人不安に陥る理由のひとつに自信のなさがあげられます。自分に対して自信を持つために、他人に親切にしたり、毎日の仕事をしっかりやったりするのがよいでしょう。小さなことでも達成することによって、自分への信頼=自信が生まれるのです。

緊張は意外と伝わっていない

人前で話すときには、程度の差こそあれ誰しもが緊張するものですが、話し手が思っているほど聞き手に緊張は伝わらないのです。

関西大学・遠藤教授の実験

ある人に人前で話してもらい、終わったあとで、話し手と聞き手にどの程度緊張が伝わったか確認する。

結果

話し手はすごく緊張していたのが伝わったと答えたが、聞き手はそんなに緊張していたようには見えなかったと答えた。

このように自分の主観的な状態が相手に伝わっていると思い込んでしまう傾向を「透明性の錯覚」と呼びます。

心理学ファイル 02

キーワード 対人認知欲求

考えすぎは逆に嫌われる原因に

心理学では物事の受け取り方や考え方を**認知**といいますが、そのなかでも「自分がどう思われているのか」と他人の言動に**注意**や**関心**を向けることを、**対人認知欲求**と呼びます。これが強い人は一般的に自己評価が低い人とされます。

自己評価の低い人は消極的な人が多い傾向にあります。問題にぶつかると前向きに解決しようと努力するのではなく、ただ嘆いたり、あるいは逃避しようとしたりする傾向が強いとされています。

そのような人は自分の言動に自信が持てず、自分の考えを曲げてでも相手に合わせて好かれようとしがちで、そのために対人認知欲求が高くなるのです。

心理学では、相手に嫌われないよう自分の意見や考え方を抑えて好意を得ようとすることを**屈辱的同調**といいます。

しかし、どんなに相手に合わせようとしても、人の考え方や感じ方は十人十色、すべての人に合わせるのは無理な話です。

相手からどう見られているか、嫌われないためにどうしたらよいか、他人の目ばかりを気にしすぎると、そのことだけにとらわれてしまいます。

心理テク

自己評価を高める方法

① 「できたこと」をノートに書く

どんなに小さなことでも構いません。一日の終わりに、自分ができたこと、やったことだけをノートに書き出してみましょう。できたことがどんなに小さくとも、達成感を積み重ねることで自己評価が高まっていくのです。

② 目標設定を小さく、細かくする

いきなり大きな目標を掲げると失敗しやすく、失敗すると自己評価が下がります。目標は小さく、すぐに達成できるものにして、細かく達成感を得ながら前進していくことが、自己評価を保つことにもつながります。

すると、自分の気持ちや考えをうまく表現したり主張したりすることができなくなり、「主体性のない人」と見られて誰からも好かれなくなったりします。

そんな状況になってしまうと、気持ちがどんどんつらくなったりして、生活や仕事に支障が出てしまうこともあります。

大切なのは、**自己評価**を高めて周囲に左右されない自分自身を持つよう心がけること。実際、自分自身にしっかりした考えや意見を持っているほうが、周囲からも認められやすいのです。

何も世の中の万事に通じる必要はありません。自分の趣味の分野だけでも、自分が本当に納得し満足できる考え方や価値観を持つことが重要です。

③ 一人反省会を開く

人間なのですから、誰しも失敗やミスは起こりえます。ミスをいつまでも引きずらなければいいのです。ミスをしたら一人反省会を開きましょう。何が悪かったのかを客観的に分析し、改善策を考え、自分はもうミスをしないと暗示をかけましょう。

相手の高評価を得る方法

「相手にどのように見られるか」がどうしても気になる人は、好印象を得られる2つの心理法則を実践するだけで、他人からの評価をいつも気にする必要がなくなります。

①よい第一印象を与える

第一印象がその後も強く残ることを「初頭効果」といいます。初対面のときに身だしなみや姿勢、あいさつがきちんとしていれば好印象が持続します。

②最後に好印象を残す

去り際の印象が強く残ることを「新近効果」といいます。最初や途中でミスをしても、最後に好印象を残せば、その人のイメージもよくなるのです。

心理学ファイル 03

キーワード 認知の歪み

物事にはいろいろな側面がある

物事の受け取り方である認知（➡P28）はあくまでも主観的なものなので、思い込みによってとらえ方に偏りが生じことがあります。これを**認知の歪み**といいます。よく聞く**「すべき思考」**も認知の歪みのひとつです。

物事の受け取り方や考え方が偏っていると、**マイナス思考**に陥って何事も**ネガティブ**に捉えがちになったりします。

たとえば、上司に注意されたときに「自分はこの上司から嫌われている」と思い込んだり、お店でスタッフの対応が自分の予想と違ったときにいきなりキレてしまったりするのです。

しかし、相手がどう考えているかは相手にしかわからないこと。自分の予想と違った行動や対応をするのも当たり前のことです。「自分の何が悪かったのだろう」と気に病む必要はないのです。

認知の歪みから極端なマイナス思考に陥ると、何事も悪い面ばかりを気にするようなことになりかねません。

駅や道路で肩がぶつかったことから言い争いとなり、暴力沙汰になったというニュースもよく見られますが、これも多くは「わざとぶつかったんだろう」という認知

心理テク

認知の歪みとその正し方

① 全か無か思考

全か無か思考は、たとえば「ミスをしたので、私は社会人失格だ」という極端な考え方です。「完ぺきな人間などいない」「誰でもミスをする」「それでもみんな次へと進んでいる」という順に前向き思考に切り替えましょう。

② 結論の飛躍

結論の飛躍は、たとえば「ミスをしたからみんなも私を使えないやつと思っているに違いない」という思考です。普通、ミスをして迷惑をかけたからといって、全員が馬鹿にしたり軽蔑したりすることはありません。同じミスをしないために改善するという思考に切り替えます。

③ 過度の一般化

たとえばミスをしたときに「いつも」と決めつ

の歪みから生じていると思われる例のひとつです。

　認知の歪みに自分で気づくのは簡単なことではありません。しかし、主観で断定してしまう前に、過度な思い込みを排除し、物事をさまざまな角度から**客観的**に見て偏った見方をしないように意識することが大切です。

　自分には厳しい「怖い上司」でも、ほかの人との会話から「実はプライベートでは子煩悩なよいパパ」であることがわかったりします。相手の周囲にも目を向けてみると意外な一面が見えてくることがあるのです。

　このように、さまざまな角度から情報を収集し、人や物事にはいろいろな側面があることに気づくことが大切です。

けてしまう思考を指します。このとき、どのくらいの頻度でミスしているか客観化してみると、この思考から逃れることができます。

④ すべき思考

すべき思考は、たとえば「社会人たるものの仕事でミスすべきでない」と思い込む考え方です。しかし、すべき思考は理想論であり、現実社会では理想通りにいかないことも多くあります。理想だけでなく現実的な解決策を探すクセをつけるように心がけましょう。

その他の認知の歪み

マンガのなかで紹介された4つ（➡P22）以外にも、認知の歪みは6つあり、計10種となります。

⑤心のフィルター

ネガティブな要素をピックアップして、悲観的に物事を見てしまう状態です。

例「9人にほめられたが、1人には否定された。やっぱり自分はダメなんだ」

⑥マイナス思考

何でも悪いほうに捉えてしまう状態です。

例「ほめられたが信じられない。何か裏があるんじゃないだろうか」

⑦誇大視と過小解釈

短所や失敗を過大に考え、長所や成功は過小評価する状態です。

例 誇大視：「重要な書類を書き間違えてしまった。自分は本当に仕事ができない人間だ」

過少解釈：「自分ができることなんて、ほかの人なら簡単にできることだ」

⑧感情の決めつけ

自分の感情通りに現実が実現すると考えてしまう状態です。

例「この仕事は難しくて大変だから、ほかのみんながやってもそうに違いない」

⑨レッテル貼り

ミスをした自分に対して、ネガティブなレッテルを貼ってしまう状態です。「過度の一般化」のさらに極端な例です。

例「この試験に落ちてしまうなんて、自分は何をやってもダメなんだ」

⑩個人化

あらゆる悪い結果のすべての責任が、自分にあると考えてしまう状態です。

例「部下の営業成績が悪いのはすべて、自分の指導が悪いせいだ」

ココロ ポイント

どんどん不安が増すときは

さまざまな対人恐怖症

対人恐怖症は、恐怖の対象や症状によって多くの種類に分類されています。自分に当てはまるものを正しく知ることで、より効果的な対処法を見つけることができます。

●**赤面恐怖症**…人前で話す際に緊張で顔が赤くなり、それを気にしてさらに赤くなってしまう。そのため人前に出るのを避けがちになる。

●**発汗恐怖症**…人と話す際に緊張や不安から大量に汗をかく。全身に汗をかく全身性多汗症と、手足など一部分に汗をかく局所性多汗症がある。

●**自己臭恐怖症**…自分の体臭や口臭が周囲に迷惑になっているのではと不安になる。実際には臭いがきつくないことが多い。

●**視線恐怖症**…他人の視線が気になる（他者視線恐怖）、自分の視線が他人を不快にさせると思う（自己視線恐怖）ことで、相手の目を見て話せなかったり、人に会うのを避けようとする。

●**電話恐怖症**…「うまく対応できないのでは」「周囲に自分の受け答えを変に思われるのでは」と不安になり、声が震えたり上ずったり、電話に出ることすらできなくなる。

●**会食恐怖症**…食事のマナーや食べるときの音などが気になり、他人との食事のときに緊張して食欲がなくなる。吐いたり、食べ物をのどに詰まらせたりして、危険な状態になることも。

●**書痙《しょけい》（振戦恐怖症）**…受付での署名や黒板など、人が見ている前で字を書くときに緊張しすぎて手が震えてしまう。

これらの症状がひとつだけ出る人もいますが、複数の症状が出る人のほうが多いとされています。またほぼすべての症状が出る人もまれにいます。

共通するのは少し気になったことが頭から離れなくなっていくこと。不安が強くなるようであれば、悪化する前に心療内科で相談するといいでしょう。

対人恐怖症の治療法

薬物療法

不安な気持ちをなくし前向きな気持ちにさせるパキシルやデプロメールなどのＳＳＲＩと呼ばれる薬や、強い緊張下でも不安を感じなくするデパスなどの抗不安薬を摂取します。ただし、薬によっては副作用があるので医師の診断と処方箋が必要となります。

認知行動療法

ビデオなどで、客観的に症状の出ているときの自分を見たり、恐怖を感じる行動や環境にあえて挑戦したりすることで、症状を克服します。不安や恐怖を感じる思考のパターンを変え、緊張をやわらげる治療法です。

自分でできることは？

対人恐怖症を治す２つの医学的療法とあわせて取り組みたいのが、つい考えすぎてしまうという考え方の改善です。湧き上がる不安感などは薬で抑えることができますが、考え方は自分自身にしか変えられません。物事を前向きに受け止めるクセを身につけられれば、ふだんの生活が楽しめるようになります。

その他の対人恐怖症

対人恐怖症のなかには、右の７つ以外にもさまざまな症状があります。

吃音《きつおん》恐怖症

他人との会話で、どもってしまうのではないかと恐れるようになります。この恐怖症が吃音症と異なるのは、実際にはどもっていなくても、そのように感じてしまう点です。

醜形《しゅうけい》恐怖症

実際には醜くないのに、自分は醜いと思い込んでしまいます。この症状が高じると外に出られなくなったり、整形を繰り返したりするようになります。

男性／女性恐怖症

男性ならば女性を、女性ならば男性を恐怖します。幼少期の異性との関わりが原因となることが多いです。

排尿《はいにょう》恐怖症

公衆トイレや職場のトイレなど、他人がいるところで排尿ができなくなります。人がいなければ普通にできるのもの特徴です。

ココロポイント

人間関係をよくするスキル

ソーシャル・スキル

職場や学校は個人個人の集まり。円滑な人間関係は、やはりとても重要になります。社会において円滑な人間関係を築き、そして、それを維持していくために必要な知識や技術のことをソーシャル・スキルといいます。たとえば、主なものとしては

- **相手の立場を理解する**
- **相手の表情や言葉遣いなどから気持ちを理解しようとする**
- **感情をコントロールする**
- **マイナス思考に陥らないような努力をする**
- **自分から心を開いて、周囲と打ち解けようとする**
- **集団のなかでの基本的なルールを順守する**

などがあげられます。

こういったスキルを習得することによって、相手へ適切に反応するための行動ができるようになるのです。多くの人は、子どもの内から親や周りの人との関わりのなかでそのスキルを習得していきます。しかし、大人になってからでも学習によって身につけることが可能です。

自分のスキルに不安を持つ人は、医療機関や療育施設などで行われているソーシャル・スキル・トレーニング（SST）に申し込むという手があります。

心理学用語 Check!

コミュニケーション・スキル

ソーシャル・スキルは、自分の感情のコントロールが主ですが、行動をコントロールすることも重要です。たとえば「意図的に相手の仕草や動作を真似して話しやすい雰囲気を作る」「感情を表情で伝える」など、行動をコントロールし相手と良好な関係を築く技術を**コミュニケーションスキル**といいます。感情自体とそれを表す行動力の２つのスキルの向上が、対人関係を円滑にするためには不可欠です。

第2章

やっかいな人を分類してみる

ユウさんと
お話した翌日…
人との関係に
悩んでいるなら
あえて人のことを
知ることから
始めるのもいいよ
相手が何を考えて
いるかわからない
という不安が少し
やわらぐから
池麺食品
そこで私は
職場のみんなを
あらためて観察してみる
ことにしました
ズズズ
部長は一見とっても
温厚な人…
なんだけど…
なんだか
事なかれ主義
みたいな
ところも…
ふむ
ふむ
藤崎い～～!!
ビクッ

バァン!!
お前よくウチの会社に入れたたな
学生からやり直したほうがいいんじゃないのか?
なんだァー!? このミスは!!
も 申し訳ありません
申し訳ありませんじゃないんだよ
やる気あんのか。
ホゥ…
あれってパワハラじゃないかと思うんだけど
ホゥ…っとしてる場合か?
部長は何もいわないし…
ときどき得体の知れない怖さも感じます

もういい
仕事に戻れ！
チッ
…失礼します
ギシッ
フンッ
そして課長は
いつもイライラ…
コッ
コッ
コッ
コッ
コッ
コッ
ズ〜ン…
ハァ…
キィ
新人の
藤崎くんは
異動してきた私に
総務部の仕事をいろいろ
教えてくれた人です
明るくて人当たりも
いいんだけど…
ボー…

❗能動的に動けない指示待ち人間など、対人関係での相手との距離の取り方から性格を分析した研究があります。

P60へGo!

❗リーダーの資質をタイプ分けした分析のひとつに「PM理論」があります。 P62へGo!

※メンター制度…上司とは別に相談役となる先輩社員が新入社員をサポートする制度

あっ
このお店
最近美容誌で紹介されて
スゴイ話題なのよぉ
知ってた？
ランチのお店が
いつも何気に高額…
え～
そうなんですかー
スゴーイ
それで
日比野さんは
好きな人できた？
ズイッ
ヒエッ
いえ、まだ…
プライベートなことも
やたら聞いて
くるんです…
ウ…ウ…
話さないと
敵認定
されるっぽいし…
あの子
カンジ悪い
のよネ～
ヒソ
ヒソ
そういえば
営業部の草野さん！
そうそう
あの人…
ブツ
ブツ
ブツ
ブツ
ブツ
ハイ…
ハイ…
敵認定といえば…

山根さんは
同期なのですが…
ギロッ
ヒッ
プイッ
スタスタ
う…
あの山根さん
無視
あっ課長ー
山根さん
のぞみの悪口
いってるみたいよ
ええっ
ヒソヒソ
仲がよくないと
いうよりも…
むしろ敵視されてる
みたいなのよね
なぜ…

ハァ…
ズゴゴゴゴゴ
グルルルル…
キャインキャイン
どれも手強い…
観察してはいるけど
それで何か対処できるのかなあ…
スヤァ…
ホカホカ
今日のメニューは「カマンベールベイクドポテト」です！

油は使っていないし
塩分は控えめ
ポテトを使いながら
糖質は16グラムと
抑えめなんです
おつまみや
お弁当にも
ぴったりです！
おお〜っ
衣がサクサクで
おいっしい〜！
モグ
モグ
サク
サク
ヘルシーなのに
腹持ちもよさそうだし…
う〜ん素晴らしい！
ユウさん
もぐ
もぐ
ところで…
…なるほど
なかなかクセの
強い人が揃ってる
みたいだね
はい…
ジャガイモに
顔が見えてきた

心理学ファイル 04 ユングの性格分類

ユングは、「外向的」「内交的」という2つの心の方向に、「思考」「感情」「直観」「感覚」の4つの心の機能をかけあわせ、8つの性格類型を提唱しています。

①思考／外向タイプ
物事をそつなく確実にこなしていく人

②感情／外向タイプ
外界と積極的に関わっていく人

③直感／外向タイプ
可能性を信じて追求していく人

④感覚／外向タイプ
人生や生活を楽しむ人

⑤思考／内向タイプ
思考が深く沈みこんでいく人

⑥感情／内向タイプ
感情の起伏が激しい人

⑦直感／内向タイプ
夢見がちな人

⑧感覚／内向タイプ
独自の感性で生きる人

▶P54へGO!

もうひとつ
有名な**クレッチマーの気質分類**というものがある

クレッチマーは性格分類の草分けともいえる人なんだ

心理学ファイル 05 クレッチマーの気質分類

クレッチマーは体型と気質を結びつけ、
精神疾病につながる性格を3つに類型しました。

①肥満型＝循環（躁鬱）気質

社交的で温和だが落ち込みやすいところがある

②やせ型＝分裂気質

内向的で神経質、非社交的な性格

▶P56へGO!

③筋肉型＝粘着気質

真面目で粘り強い反面、頑固で怒りっぽい面も

これらの類型はいままでは批判も多いけど大まかに性格を分類する上では参考になるよ
う〜ん
でも性格がわかったからって解決になるんでしょうか…？

人間関係の問題は他人との距離感の問題さ
ユウさん〜〜
相手の性格がわかれば距離の取り方の参考になるし
うまいつき合い方も見つかるようになるんだよ
日比野ー!!
ヒッ
でも…
急にイライラされたら性格とか関係なくどうしようもない気がします
そうだね
そこで
火通ったかな
ザバー
そういう点に着目したのが
ローゼンツワイクのパーソナリティタイプなんだ
あちち

心理学ファイル 06 ローゼンツワイクのパーソナリティタイプ

心理学者ローゼンツワイクは、失敗やトラブルなどに直面してフラストレーション（欲求不満）に陥ったときそれを解消するための態度として3つのタイプがあるとしています。

内罰的	外罰的	無罰的

責任を自分自身に向けるタイプ。自分を責めて、ストレスがたまりやすい。	失敗やトラブルを他人や環境の責任にするタイプ。怒りっぽくなりがち。	「仕方がない」と、どこにも責任を求めないタイプ。角は立たないが、問題点は解決されない。

▶P58へGO!

「またか」と
呆れながら耐える…
でもいいかもね
パターン
ズルッ
ユウさん〜〜
まじめに
お願いします〜
アハハ
これも
れっきとした
心理学だよ
たとえば
お化け屋敷で
何が起きるか
わかっていたら
あんがい怖くないと
思わない？
それと同じで
相手がどんな
反応をするかわかれば
心の準備ができるし
対処もしやすくなるんだ
次にこの井戸から
幽霊が出てくるの
知ってるもんね
なるほど…
それはいえてますね

でも　どうしても耐えられないと思ったら
「逃げる」とか「専門家を頼る」という選択肢もあるからね
メンタルクリニックはそのためにあるんだし
あはは
あーいえ…！たぶんそこまでじゃないかと…
ピロピロピロ
あっ焼けたかな
でも…もしいざというときはお願いします…
うん
にこ
ドキ

数日後――
池麺食品
ウィーーン
コツ
すみません
はい
コツーン
私　このような者でして…
ユウクリニック
ユウ

本日は産業カウンセラーとして御社のお役に立てないかと思いまして訪問しました
総務部の鮫島さんにご挨拶させていただけないでしょうか？
少しお待ちいただけますか？
はい
イケメンじゃない…？
！
ハッ ハッ

やっぱり…ユウ先生じゃないですか！
なぜ…
名前を聞いてびっくりしましたよ…どうしたんですか？
どうも
こんにちは鮫島さん
実は…

心理学ファイル
04

あなたは外向的？ 内向的？

キーワード ユングの性格分類

血液型診断など、性格を分析する方法はたくさんあります。しかし、心理学で深く研究されるようになったのは20世紀以降と、ごく最近のこと。そのため性格についての心理学的な考え方は研究者によってさまざまです。

なかでも有名なのが、スイスの精神科医・心理学者カール・グスタフ・ユング。彼は、人間の性格を心的エネルギー（**リビドー**）の向かい方によって「外向的」「内向的」の2種類に大別しています。

●**外向的性格**…社交的で、初対面の人とも打ち解けやすい。一方で、トラブルや悩みごとなど弱みを人に見せられずに一人で抱え込む傾向も見られる。

●**内向的性格**…内気で人見知りしやすい。一方で周囲に左右されず、何事も一人でコツコツやり通す強さを持っている。

ユングによれば、外向的な性格の人は**積極的**で、友だちができやすく、相手に対して自分をアピールするのも得意です。また、何かを決断する際には誰かに相談するなど、周囲の意見をよく聞く傾向があるといいます。

しかし、外向的な人は外の世界に依存しているぶん、一人で人生に満足することが難しく、またト

解説

仕事と人づき合いに表れる性格

①

仕事

外向的性格

相手の話をよく聞き、また人に伝わりやすい話し方ができるなどコミュニケーションが得意です。それがそのまま売上につながる営業や接客、コンサルタントなどに向いています。

内向的性格

積極的な言動をするより、自分で深く考え納得してしまうタイプ。人と関わることが多い仕事より、プログラマーなど機械や物を相手にする仕事に向いています。

ラブルに弱いとしています。
一方の内向的な性格の人は、初対面の人と打ち解けるのがとても苦手です。では内向的な人が不利なのかというと、必ずしもそうではありません。
ユングは、外向的な性格の人が外の世界に振り回されるのに対し、内向的な人のほうが外の世界に影響されず、自分の**感情をコントロール**して意志や決断を貫く強さを持っているといいます。
つまり、外向的でも内向的でも、それぞれの強みと弱みがあるのです。弱みにばかり目を向ける必要はありません。
自分や相手の性格を把握できれば、それに合わせた対応ができます。性格分類は、よりよい対人関係を築く助けになってくれるのです。

② 人づき合い

外向的性格
多くの人と関わること自体が好きなため、必然的に交遊関係は広くなりますが、そのぶん一人ひとりとのつき合い方は浅くなりがちです。

内向的性格
人と関わること自体が苦手なため、少数の友人と深くつき合うか、もしくは友だちづき合いをまったくしない人もいます。

性格を決める２つの自己意識

心理学者のフェニグスタインは、ユングの外向的・内向的の分類とは異なり、自己意識のタイプの違いにより性格を「外的自己意識」と、「内的自己意識」の２つに分類しました。

外的自己意識

「周囲から見た自分の姿や評価」を意識すること。この意識が強い人は、評価に影響することを気にして、周囲との協調性やルールを守ることを重視します。

▼

協調性を重視するタイプ

内的自己意識

「考え」「好み」「欲求」「希望」など他人からはわからない内面を考える（意識する）こと。この頻度や回数が多く、優先順位が高い人は自分の感情やその変化に敏感に反応します。

▼

人の目を気にしないタイプ

心理学ファイル

05

体型で性格診断はできる?

キーワード　クレッチマーの気質分類

アメリカでは太った体型の人は「自己管理ができない」「だらしない」と判断され、評価も下がるといわれます。実際には、太った体型の人でもきちんとした性格の人はいますが、体型と性格はこのように結びつけて考えられがちです。

心理学の世界で性格と体型の関連に注目し、最初に体型別の性格分類を提唱したのは、ドイツの精神科医・心理学者エルンスト・クレッチマーです。

クレッチマーは精神科医として多くの精神病患者と接するなかで、人間の性格と体型がある程度関連することに注目し、性格を体型別の3種類に分類しました。

●**肥満型＝循環（躁《そう》うつ）気質**…社交的で親切、温和だが、活発な一方で落ち込みやすく陰気になることもある。双極性障害になりやすいタイプ。

●**やせ型＝分裂気質**…従順でおとなしく真面目だが内向的で神経質。傷つきやすく非社交的な変人が多いとされる。統合失調症になりやすいタイプ。

●**筋肉型＝粘着気質**…生真面目で秩序を重視、正義感があり粘り強いが、その反面執着心が強い。頑固で興奮しやすく怒りっぽいタイプ。

解説

クレッチマーの気質分類の矛盾点

① 年齢でタイプが変わる?

クレッチマーは躁うつ病の発病前後の患者の体型から肥満型を定義しましたが、多くの場合、人は年を取ると太りやすくなるもの。それは代謝の低下や過食の習慣などが大きな原因で、性格が変わったわけではありません。そのため、発病前に太っていたことと躁うつ病の発症に直接的な関係は認められないとされるようになりました。

② やせている理由はひとつだけ?

肥満型と同じで、やせやすい、太りにくいという体質的な原因や、健康的な生活（食事や運動）をしているためやせている場合もあるため、やせ型の人が分裂気質とは限りません。また、クレッチマーの調査対象は精神病の患者であり、一般的とはいえません。統合失調症患者の性格をまとめただけで、やせていることと分裂気質の関係性の証明としては不完全といえます。

また、体型に注目したアメリカの心理学者W・H・シェルドンも、クレッチマーの分類に近い**発生的類型論**を提唱しています。

●**内胚葉《ないはいよう》型**…内臓が強く太りがちで、性格は社交的。

●**外胚葉《がいはいよう》型**…皮膚と神経系が発達していて過敏で神経質。

●**中胚葉《ちゅうはいよう》型**…筋肉や骨がよく発達し、活発でときに攻撃的。

しかし現在では、真面目で粘り強い人がコツコツ運動を続けた結果として筋肉質になるなど、性格によって維持されるライフスタイルが体型を変えるという考え方が有力です。

クレッチマーやシェルドンが唱えた体型性格説は体型の印象から形成された**印象形成説**とも呼ばれ、現代では疑問視されています。

③ 筋肉は努力でついた？

常人より筋肉が発達している＝トレーニングに黙々と打ち込む、という印象を受ける筋肉型も、頑固や怒りっぽいとは限りません。他の人と同じ量のトレーニングでも筋肉がつきやすい体質の人がいたり、やせ型の人でも筋肉型の特徴のはずの生真面目や、温和な性格のこともあることから、これも印象がつくり上げた分類と考えられています。

顔のパーツが与える印象

体型だけでなく、顔のパーツから性格を読み取ろうとしたのがフランスの小児精神科医イ・コルマンです。１億人ものデータをもとにした彼の心理学は「相貌心理学」と呼ばれ、人の顔のどの部分が拡張して（広がって）いるかによって、性格を３つに分類しています。

①頭脳型

目からおでこのあたりが広がっているタイプ。思考を重要視するタイプで、理性と想像力に富んでいます。

②感情型

鼻から頬にかけてのあたりが広がっているタイプ。感情の起伏が激しく、社交的な性格です。

③本能型

口から下顎のあたりが広がっているタイプ。理性より本能で生きるタイプで、手で何かを作り出すことが得意な芸術肌です。

心理学ファイル

06

キーワード ローゼンツワイクのパーソナリティタイプ

トラブルの原因は誰のせい？

アメリカの心理学者サウル・ローゼンツワイクは、人間が**フラストレーション**（欲求不満）に直面したときの反応によって、性格を大きく三つのタイプに分類しています。それはフラストレーションから発する攻撃性がどこに向かうかに着目したものでした。

●**内罰的**…責任を自分自身に向けるタイプ。

●**外罰的**…失敗やトラブルの原因を周囲に求めるタイプ。

●**無罰的**…どこにも責任を求めないタイプ。

外罰的な人は何事も他人のせいにしがちですし、内罰型の人は自分を責めてストレスを抱えやすくなります。そして無罰的な人は「まあ仕方ない」となるので角は立ちませんが問題は解決しません。

さらにローゼンツワイクは、攻撃の形についても三つの分類を考えました。

●**障害優位型**…問題そのものに着目する。

●**自我防衛型**…問題より相手や自分といった人間に着目する。

●**要求固執型**…課題の解決を何より重視する。

ローゼンツワイクはこの3×3の組み合わせによって、**PFスタディ**と名づけた**9通りの性格**

解説

3タイプのデメリット

①

外罰型のデメリット

問題が起こったとき、周囲の責任にしてばかりいると、当然のことながら「あの人はいつも責任を押しつける」と思われます。するとチームの雰囲気も悪くなり、チームワークに支障が出ます。

②

内罰型のデメリット

外罰型とは逆に、常に自分の責任にしていれば、周囲からは嫌われません。しかし、自分を責めすぎて問題が起こるたびに落ち込み、うつになります。カウンセリングに来る人はたいていが自罰型の人です。

③

無罰型のデメリット

罪を憎んで人を憎まず、他人にも自分のせいにもしないのでストレスはありません。しかし、責任の所在が明らかにされず、状況がいつまでも改善しません。

分類法を提唱しています。組み合わせにより、

①障害強調（外罰×障害優位）
②障害合理化（内罰×障害優位）
③障害無視（無罰×障害優位）
④攻撃（外罰×自我防衛）
⑤自責（内罰×自我防衛）
⑥容認（無罰×自我防衛）
⑦解決依存（外罰×要求固執）
⑧努力（内罰×要求固執）
⑨慣習服従（無罰×要求固執）

の9タイプに分けられます。

　たとえば外罰的で障害優位型の①の人は、責任を外部に求める一方で問題解決に目が向けられず、ただ困ったと嘆いてばかりいる人です。逆に内罰的で自我防衛型の⑤の人は、何があっても自分が悪いと思い込み、ストレスをため込みやすいタイプとされています。

PFスタディによる性格分類例

大事な書類を失くしたことを責められた場合、PF スタディで分類された性格では、下記のように答え方が異なります。

①障害強調
欲求不満を強く指摘。
いやになるよ
ポリポリ
②障害合理化
相手に欲求不満を感じさせたと当惑する。
どうしよう
③障害無視
欲求不満そのものを軽視する。
大したことないさ
④攻撃
非難してきた人や物を責め、敵意を向ける。
うるさい！
⑤自責
自分自身を責め、非難する。
僕が悪い！
⑥容認
責任を回避し、かつ非難してきた人も許す。
君のいうとおりだね
ウンウン
⑦解決依存
他人が解決することを強く期待する。
え?!
探してよ
⑧努力
自分で解決を申し出る。
僕がなんとかするよ
⑨慣習依存
時間や状況の経過による解決を期待する。
いつか見つかるよ
ヘラヘラ

ココロ ポイント

つき合い方に表れる性格

カレン・ホーナイの分類

ユングやクレッチマー、ローゼンツワイクとはまた違う、ユニークな視点の性格分類を提唱したのがドイツの精神科医・心理学者カレン・ホーナイです。

彼女は「新フロイト派」と呼ばれ、フロイト（⬇P198）の影響を受けつつも従来の精神分析を男性中心主義だと批判しました。のちのフェミニズムにも影響を与えています。

ホーナイは神経症を研究するなかで、人間の「いろいろな欲望を持つ真の自分」と「欲望を持たない理想化された自分」の葛藤に着目し、それに影響された**対人関係における相手との距離の取り方**から性格を次の三つのタイプに分類しています。

●**自己主張型**…自分の求めているものが明確で、外の世界に対する関心が高いタイプ。自分に自信があり、求めるものを自らの力で手に入れようと積極的に主張して行動する。現実的で実行力があり、競争社会には向いているが、自分の内面を見つめることはあまりない。

●**追従型**…物事の判断基準を自分自身よりも外部に求めるタイプ。規則やルールを順守し、世の中の常識や両親の考え方などに従順。周囲から求められる役割を果たそうとする。他人の気持ちに敏感で協調性があり、集団内でうまくやっていくのに向いているが、一方で自己評価が低く、他人の考え方や価値観に引きずられがち。

●**遊離型**…いわゆる内向的な性格で、他人と距離を置きたがり、内にこもるタイプ。多くの人と交わるより本当に気の合う少数の友人と深くつき合う。他人との競争を避け、社会的成功などもあまり望まない。その反面非常に頑固で、他人の指図には従わない。自分の価値観や考え方を曲げない孤高のタイプ。

従来の男性的な性格分類とは異なり、男女ともに当てはまる分類といわれます。

口癖で見分けるホーナイの分類

自己主張型　「私の（私が）」

例 私のアイデアのおかげね

このタイプは、自分の能力に自信があり競争優位に立とうとするので、自分の影響を何かとアピールします。自慢話も多く、度がすぎると周囲から遠ざけられます。

追従型　「大丈夫です」

例「みんなと同じで大丈夫です」

追従型は、周囲に合わせることを第一に考えます。自分の主張があってもそれを表には出しません。協調性はありますが、自己評価が低いのが特徴です。

遊離型　「どうせ」

例「どうせ俺なんて」

自分や周囲などあらゆるものに対して期待をしていないのがこのタイプです。そのため、「どうせ無理、ダメ」といった最初から諦めた言葉を口にしがちです。

職場で活かすホーナイの分類

自己主張型・追従型・遊離型はそれぞれ会社のなかでいうとどのような人物になるのでしょうか。

自己主張型	追従型	遊離型

自己主張型	追従型	遊離型
上司にも同僚にも物怖じせずに意見をいう人	**協調性が高く、誰からも嫌われない人**	**会社や周囲などに流されず自分の意見をいう人**
▼	▼	▼
有能なビジネスマンタイプで出世も早い。反面、目立ちすぎて周りの反感を買いやすいので味方になってあげると好感度が上がります。	会社やチームの意見を聞いてから意見を述べる中間管理職タイプ。板挟みで人間関係に悩みやすいので相談に乗るとよいでしょう。	周りに媚びない一匹狼タイプ。納得できる結論を求めているだけなので突飛な言動もなく堅実。成果をほめてあげると関係も良好に。

ココロ ポイント

リーダーは厳しくやさしく

PM理論

リーダーは集団をまとめるうえで、各メンバーに配慮しながら集団を目的・目標に向かって引っ張っていく、難しい立場です。

社会心理学者・三《み》隅《すみ》二《じ》不《ふ》二《じ》は、リーダーシップのあり方は厳しさとやさしさのバランスにあるとして、PM理論を提唱しました。目標を達成するためにメンバーに強く働きかける**P機能**（＝Performance function＝目標達成機能）（**＝厳しさ**）と、集団を円満に維持するためメンバーに配慮する**M機能**（＝Maintenance function＝集団維持機能）（**＝やさしさ**）の二つがリーダーシップに必要な機能だとしたのです。

リーダーシップが果たすべき役割は、「集団を発展させること」であり、この二つの要素が組み合わさることで、その力は発揮されます。

どちらの要素が多いかで、リーダーのタイプは分類されます。

P機能だけが強ければ強権的なリーダーとなり、M機能だけが強ければ放任主義的で成果を上げられないリーダーとなるわけです。

理想的な形は、やはりPとMどちらの力も備えたリーダー。しかし、これはなかなか達成が難しいでしょう。リーダーは、自分に足りない力を自覚して、その力を伸ばしていくように心がけましょう。

心理学用語 Check!

レヴィンの分類

アメリカの心理学者レヴィンはリーダーを3タイプに分類しました。ひとつ目が専制型で、すべての意思決定をリーダーがします。2つ目は民主型で、リーダーの支援のもとメンバー内で協議して意思決定を行います。3つ目の放任型は、リーダーは部下の行動に関与せず、それぞれが個人の判断で動くというものです。レヴィンは、作業をする上では民主型が最も効率的な型であると結論づけています。

第3章 嫌な人間関係を変える

本日のお料理は高野豆腐ピザです！
チーズを使った代表的な料理ですが…
花形料理教
今回は普通の生地のかわりに高野豆腐を使ってみましょう
とってもヘルシーに美味しくできますよ！

おお…小麦粉も米粉も使わずにピザが…！
糖質制限にはぴったりじゃないか！

戻した高野豆腐を
キッチンペーパーではさんでしぼる…っと
ぎゅっ
ぎゅっ
なんかきもちいい
じしゅわ〜〜〜
ところでユウさん…
あのッ
ぎゅ〜〜
あのあと 私 ユウさんから聞いたお話をもとに職場のみんなの性格を分類してみたんです!
それはいいね
よかったら観察の結果を聞かせてくれるかな?

はいっ！
ゴロン
青木部長は…
ツン
ツン
クレッチマーの気質分類（⬇P56）でいう循環気質みたいです
温和な性格ですが悪くいえば陰気とも取れます
ススス
でも…
ガミガミ
ズズーー…
あそこまで周囲のもめごとに無関心なところはもっと得体の知れない闇を感じさせます…

ヒョイ
藤崎くんは
クレッチマーの気質分類だと分けづらいですが
僕のせいだ
もうダメだ
はぁ
うぅ…
ローゼンツワイクのパーソナリティタイプ（⬇P58）でいうと内罰的なところがありそうです
次に濱村係長は
ウフフ
日比野さん！コレ急ぐの！お願いやっといて！
あ…
え
ドサッ
サーッ
面倒見がいいけど押しつけがましくておしゃべり

ユングの性格分類（⬇P45）だと感情／外向タイプみたいです
そして押しが強い
トーン
トーン
トーン
トーン
トーン
トーン
そして鮫島課長は…
ダメだろこれじゃ！
ビクッ
この書式じゃ受けられないよ！
ちゃんと見本通りにやってくれないかなあ！
まったく…！
ガミガミ
おそらく感情／内向タイプ…
粘着気質も当てはまりそうです

そして外罰的（⬇P48）でもあります
グイ
グイ
にしてもなんでいつもあんなにイライラしてるかなぁ
グイ
グイ
野菜がいたむよ
最後に
ツーン
山根さんは思考／外向タイプで
ギロッ
分裂気質（⬇P46）にも当てはまりそうなんですけど

私以外にはそうでもないんだよな〜
まぁ
どれだけ細かくするの
トントントントントントン
とまあ
あくまで私の見立てですけど
実際は性格分類もきれいに分けられないこともあるからね
でも
とくに課長さんにはかなり悩まされているみたいだね
はっ
そうなんですよ！
なんとかならないですか⁉
心理学でビシッと…
ビシッ
ビシッとって…
そうだね…

他人をなんとかしようとする前に
忘れてはならないことがあるんだ
？
世界を変えようと思ったら
まずは自分が変わらなければならないということ
ピッ
世界を変えようと思ったら まずは自分が変わらなければならない
私が変わる…？

相手に好かれるテクニックには「ミラーリング」P88へGo!をはじめ、さまざまな種類P90へGo!があります。

心理学ファイル 07 アドラー心理学

アドラーは逆転の
発想をして
それまでの心理学に
一石を投じたんだ

アドラーは「すべての悩みは対人関係の悩みである」とし、それまでのフロイト的な「すべての物事には原因があり発生している」という心理学ではなく、人は何らかの目的に沿って行動しているという説を提唱しました。

それまでの心理学での心の動きのとらえ方

ボカッ
原因
いたい
結果
うわ〜ん
反応

泣いた原因

＝心や体の痛み（いじめ）を受けたから。

アドラーが提唱した見方

原因
注目されたい
目的（こうしたい）
うわ〜ん
結果

泣いた原因

＝仲間から注目されたい（目的）から。

▶P82へGO!

そうはいっても
いじめられて子どもが泣くのは当たり前じゃないですか？
そうだね
ただ 子どもを泣き止ませようといじめっ子をこらしめても問題が解決するとはかぎらない あとでよりヒドイいじめをされるかもしれない
たしかに…

だから
泣いた理由は
「いじめられた」
という〈原因〉に
あるのではなく
うわ〜ん
「ヒドイ扱いを受けている
自分に気づいてほしい」
「みんなに注目されたい」
という〈目的〉にあると
考えて注目するんだ
そしてその行動が
目的に対して適切か
あるいは
手助けが必要か
どうしたいの？
いっしょに考える
…そのほうが
本当に自分のことを
考えてくれている
感じがしますね
でしょ？
にこ
大事な味方が
できたみたいで
うれしいかも……
ピピピ

おお！
おいしそう！
わー
いいにおーい
さあ
いただきましょう！
ハフハフ
至福ぅ～
糖質オフなのに
こんなに美味しく
ピザが食べられる
なんて…
高野豆腐でこんなに
ちゃんとピザっぽく
なるんですね！
モグモグ
あ
それでユウさん
さっきの
続きですけど
そうそう

原因に注目しないのは「過去に起きたことは変えることができないから」というのも大きいんだ
変えられないことをあれこれ悩んでも問題解決にはならないからね
ペロ
ウッ
せ…正論…
同じように他人を変えることも容易じゃない
対人関係の問題のこじれは自分の望むように他人を変えようとして関係が悪化することから起きるんだ
どうしておれのいうとおりにしないんだ
んーー
だから自分を変える…なんですね
さて
今までの話を日比野さんに当てはめると
「上司のイライラが不快」になるのは「上司とコミュニケーションを取りたくない」という目的から生まれているといえる
…!
私のせいってことですか?
まあ慌てないで

たとえば　その目的を「上司に仕事の報告をしたい」に変えてしまえば報告するタイミングだけ気をつけるようになるんじゃないかな
いまの機嫌は…
そ　それはそうかも…
前にいったように〈ミラーニューロン〉で他人の感情が流れてくるのは仕方ないことだけど
それに振り回される必要はないんだ
自分の考え方や行動を変えればそれまで起きていた結果も変わって…
世界がどんどん変わっていくんだよ
世界が…変わる…

そう
自分を変えることで世界を変えるんだ
そうか…周りの人たちを見てただどうにかならないかとばかり思うんじゃなくて
自分の考え方や行動を変えられればうまく対応できるのかもしれないですよね
んー…
その通り！
う〜ん
でも…うまくできるかなあ
日比野さんはまず自尊感情をもっと高めるようにしたほうがいいだろうね
自尊感情？
いわゆる自尊心のことだよ

心理学ファイル 08 自尊感情

自尊感情が高いほど自分に自信を持つことができ　向上心も高まります。社会生活をおくるなかでとても重要な感情のひとつと考えられています。ただし、高すぎても問題があります。

人間には誰でも自分の性格や能力を肯定的にとらえたい気持ちがあってそれを自尊感情と呼ぶんだ

残業
要領が悪い
プイッ
異性にモテない
話すのが苦手
あ　あの　その…
うるさい！俺は誰よりも正しいんだ！
それは間違っているよ

自尊感情が低すぎると…
欠点ばかりが気になり落ち込みやすくなる

自尊感情が高すぎると…
独善的になりやすくなる

▶P84へGO!

あと係長さんにも困っていたみたいだけど…
うっ…
それは…
アサーティブといってね上手に断るためのテクニックだよ
いいにくいことをうまく伝えるテクニックもあるんだよ
え…？

心理学ファイル 09

アサーティブ(主張的反応)

頼まれたことを断る際に　相手に配慮しながら自分の主張をはっきり示すのが「主張的反応」(アサーティブ)です。 相手を尊重しながら自己主張をするテクニックです。

断りづらいことでもソフトな姿勢ではっきり断る方法はあるんだアサーティブがそれにあたるよ

頼まれ事を断る時の3つのパターン

ノンアサーティブ/パッシブ(非主張的反応)

じゃあ頼んだぞ
…はい
他の仕事で手いっぱいなんだけどな…

波風を立てたくないばかりに黙って引き受けてしまうことで大変なストレスを抱えることになりかねません。

アグレッシブ(攻撃的反応)

え〜?無理です!
ムリムリ!!
ムカッ
ハァ?何様よ!

相手への配慮がなく自分の主張だけが強く出るので人間関係が悪化しやすくなります。

○ アサーティブ(主張的反応)

すみません ぜひお引き受けしたいんですけど いまは○○の案件で手がいっぱいなんです
そっか仕方がないわねぇ

相手を尊重したうえで自分の状況を上手に主張します。 角が立たないように断ることができます。

▶P86へGO!

「相手を配慮した丁寧な態度」だけど「はっきりと断る」というのがポイントだね
NO
理由をきちんと説明したり代案を提示したりするのも重要だよ
なるほど…!

それなら私にもできそうです！
頑張って！
あら
あの二人
ウフフ
なんだかいいムードねえ？

心理学ファイル

07

キーワード アドラー心理学

自分の人生を生きよう

巷には「心理学で相手を思いどおりに操れる」のようなうたい文句で売られている本もたくさんあります。

しかし、どんなテクニックを使ったとしても、他人をこちらの思うように根本から変えてしまうことは実際には不可能です。

自身の心理学を個人心理学と名づけたオーストリアの心理学者アルフレッド・アドラーは、他人を変えようとしても問題が生じるばかりだと指摘し、**課題の分離**を唱えました。

人間の問題はすべて対人関係の問題ととらえる一方で、自分の課題と他人の課題を明確に分け、他人の課題には土足で踏み入らないことが大切と説いたのです。

また、アドラーは**人間の感情や行動はすべて原因ではなく目的から発している**と考えました。

これは、人間の感情や行動は何かの原因に対する反応として起きるという従来の心理学の考え方とは一線を画すもので、**目的論**と呼ばれています。たとえば「面倒な上司と関わりたくない」という目的(願望)からさまざまのネガティブな気持ちが生じる、といったことが起きたりもするわけです。

アドラー心理学の考えに基づけ

名言

アドラーの言葉

アドラーはいろいろな言葉を残していますが、その言葉は彼の心理学を端的に表すものです。いくつかご紹介しましょう。

①

「カッときて自分を見失い怒鳴ったのではない。相手を支配するために、怒りという感情を創り出し利用したのだ」

この言葉はアドラーの「目的論」を表しています。突発的な怒りの感情は、嫌なことをいわれたなどという「原因」から発生しているのではなく、目の前の相手をコントロールしたいという「目的」から生まれているというものです。

②

「陰口をいわれても嫌われても、あなたが気にすることはない。相手があなたをどう感じるかは相手の課題なのだから」

この言葉はアドラーの「課題の分離」を表しています。他人が自分をどう評価するか、それは他人の課題であり、自分の課題ではない。だからこそ、他人の評価にとらわれずに自分ば、相手が自分をどう思うか、どう反応するか…というのはあくまで相手の課題です。そのことを気にしすぎるのはやめて、むしろ自分自身の課題や自分の気持ちを大事にして、前向きに対応していくことが大切なのです。

アドラーの個人心理学では相手の感情や行動に引きずられることなく、何よりも**自分の人生を生きること**、**そのために行動すること**が重要とされます。

それはもちろん「自分さえよければ」ということではありません。他人を変えようとすることなく、自分の行動で他人にどのように貢献できるのか。それもまた自分の課題としてとらえることで、他人や集団との関係も改善していけると説いているのです。

で意思決定をすることが重要である、という考え方です。

③ 「判断に迷ったときは、より大きな集団の利益を優先しなさい。自分よりも仲間達、仲間達よりも社会全体。そうすれば判断を誤ることはないだろう」

これはアドラーの「共同体感覚」という考え方を表しています。人間は社会をはじめとした共同体の一部という感覚を持ち、仲間、ひいては社会全体のために行動し、いっしょに幸福になる道を模索すべきだというものです。

感情には隠された目的がある

人間が表に出す感情は「単純な結果」ではなく「目的のため」であるとアドラーは唱えました。それは、たとえば下記のように解説できます。

母親が子どもを怒る理由

従来の心理学

「片づけをしなかったこと」に対して、怒りの感情が生じて怒る。

アドラー心理学

「子どもが片づけをするようにさせるために屈服させる」という目的があり、そのために「怒る」。

上記のように、怒り（感情）には必ず目的があると考えるのがアドラー心理学です。自分ですら気づかないことがありますが、感情には目的があることを理解すると、対人関係で相手の感情に振り回されなくなります。

心理学ファイル 08

キーワード 自尊感情

自分の価値を信じよう

人間は無意識のうちに、自分自身を価値がある存在と評価して、充足感で満たされた状態を維持しようとしています。この自己肯定感を**自尊感情（セルフエスティーム）**といいます。

自己肯定のために、人には自分の能力などをよく知りたい、確かめたいという欲求があります。

多くの場合は、他人と自分を比較することで自分を評価して満足します。テストの順位を気にするのがよい例です。目に見える形で自分の位置がわかると安心するわけです。

しかし、同じ順位だったとしても、人によってとらえ方は違ってきます。自尊感情が高ければ、それだけ自分に自信を持つことができ、より向上したいという気持ちも高まります。

一方で自尊感情が低いと、自分を高めるよりも下を見て安心したい気持ちが強くなりがちです。

自尊感情が高い人は自分より上の順位の人と比較して、より上を目指して挑戦しようという気持ちになりやすく（**上方比較**）、自尊感情が低い人は、自分より下の人と比較して安心し、自尊感情を守ろうとすることが多くなるのです（**下方比較**）。このような心理は、

心理テク

自尊感情回復を高めるコツ

自尊感情が低い人がそれを高めるには、いくつかの方法があります。

① 長所を生かす

自尊感情の低い人は、自分の短所ばかりが目についてしまいがちですが、得意なことをして人から認められ「自分はすごいんだ」と気づく体験を増やすと、自尊感情が回復します。

② 人に親切にしてみる

人に親切にし、お礼をいわれる体験を増やすと、自分は「人の役に立っている人間だ」と感じる瞬間が増え、自尊感情のバランスが取れるようになります。

③ ほめ言葉を素直に受け取る

誰かにほめられたり認められたりしても、自尊感情の低い人はつい謙遜して、「そんなこと

社会的比較理論として説明されています。

自尊感情を高めることは、自分自身を高めるにも大切なことです。その点では上方比較のほうがポジティブでよいことと思われるかもしれませんが、上方比較にも欠点があります。

自分よりもあまりにも上すぎる人と比較すると、ハードルが高すぎて自尊感情を高められず、不満が大きくなったり、心が折れてしまったりするのです。

あまりにも高すぎる理想を持つことは、いつまでも現実を直視できないことにもつながります。理想に近づく努力が足りない・していないのに、自分は報われていないと思い込んだりする場合もあるので要注意です。

ない」と思いがちです。しかし、それを素直に信じ、受け止めることで、自分の価値に気づくことにつながるのです。

④ 過去を振り返る

過去にやった出来事を書き出します。それを自分で見ても大したことはしていないと感じるかもしれませんが、気の許せる人に見せてみましょう。他人から見ればすごいことをしているということはよくあることです。

自尊感情と自己愛の違い

自尊感情と自己愛は自己肯定という点で一見似ているように感じられますが、実は真逆のものです。

自尊感情が高い場合

自分は自分だから
気にならない
ダメじゃん!
自尊 高

**他人からの評価で
自分の価値は揺るがない**

自尊感情の高い人は、周囲の人から批判されても、それはそれとして受け止め、自分の価値には影響させません。自分はよいところもダメなところもあり、それをひっくるめた存在として価値があると考えているからです。

自己愛が強い場合

俺って価値があるの?
ないの?
キョロキョロ
すごい!
そうかな?
自己愛 高

**他人からの評価が上下すると、
自分の価値も揺らいでしまう**

自己愛の強い人は、他人の高評価をもとにして、自分が価値のある人間だと思う傾向があります。そのため、他人から低い評価を受けると自己評価が簡単に下落してしまいます。

心理学ファイル 09

キーワード アサーティブ

上手な断わり方とは

頼まれ事を断わるのは、誰でも気が重いもの。「相手が気を悪くするのでは」という心理が働くためです。

しかし、忙しくて余裕がなかったりする状況で相手の頼みを引き受けてばかりいては、ストレスも大きくなります。

そこで必要なのは、相手を不快にさせずに自分の主張をしっかり通す印象のよいスマートな断わり方です。その方法に、**アサーティブ（主体的反応）**と呼ばれるものがあります。具体的には、

①最初に「大変ありがたいのですが…」「ぜひお引き受けしたいのですが…」など、クッションになる言葉を一言添える。

②そのうえで「申し訳ありません」とはっきり断わる。

③「いまは○○の件で手がいっぱいで…」「あいにく本日は予定が詰まっておりまして…」など、理由を述べる。やりたくないのではなく、やむを得ない外的な事情で引き受けられないことを伝える。

④「明日でしたら空いているのですが…」「先にこの仕事を片づけてからでよろしいでしょうか?」など、こちらから具体的な代替案を提示する。

心理テク

アサーティブの実践テクニック

上の解説で紹介したような伝え方以外にもいくつか伝え方があります。

① 私を主語にする

あなたを主語にすると詰問口調になってしまうため、私を主語にします。

×「あなたの報告書が遅いから困る」

○「私は報告書が早いと助かるな」

② 気持ちを伝える

客観的事実ではなく、「助かる」「ありがたい」「悲しい」など自分の気持ちを主張のなかに入れると、対立を防げます。

③ お願いの表現を使う

たとえそれが相手の義務や仕事であっても「～してくれませんか?」「お願いできますか?」など、お願いの表現を使うと相手の気持ちも変わります。

という流れです。

以上を伝えることができれば、あくまでも協力的な姿勢でありつつもいまは都合が悪くて引き受けられない、ということが伝わります。相手も納得し、不快な印象を持たれずに断わることが可能です。

反対に、こちらの事情をはっきり主張できずにただ引き受けてしまう**非主張的反応**では忙しさもストレスもひどくなるばかりです。また、「そんなの無理です！　できません！」と理由も告げずに拒絶してしまう**直接的攻撃反応**のでは相手を不快にさせます。

また、断わりたい意志をはっきり言葉にせず、不機嫌な顔をしたりあいまいな返事をする**間接的攻撃反応**も、相手を困惑させることになります。

④ 前向きな表現を使う

無理なスケジュールの仕事を頼まれても「こんなの明日までなんて無理ですよ！」と否定形で答えず、「明後日の午後までだとどうでしょう？」など肯定的な言葉で返答します。

自己主張のタイプ別対応法

自己主張には3つのパターンがあり、それによってタイプ分けができます。相手のタイプを見極めることで対応の仕方も使い分けることができます。

①直接的攻撃反応タイプ

思ったことを直接ズバズバと話したり、大声を出したり、自分の意見を通すために強く主張する。「自分の思い通りにしたい」というやや幼稚な精神面がある。

▼

自分勝手な人と思われていると気にしがちなので、どう思ったかなどを後から伝えてあげると安心する。

②非主張的反応タイプ

相手のことを考えすぎて、「自分が我慢すれば」と自分の感情や要求を引っ込めてしまう。ノン・アサーティブとも呼ばれる。ため込みすぎて爆発することもある。

▼

常に受け身な態度をとるタイプなので、相手が何を思っているか聞いてあげると好感度が上がる。

③アサーティブ（主張的反応）タイプ

自分のことも相手のことも理解し、認めたうえで自分の感情や要求を誠実な態度で率直に伝える。また立場の上下で態度を変えずに対応するなど、人間関係のバランスがとれている。

▼

相手のアサーションな対応にあわせ、こちらも相手を尊重した言動をとることで信頼関係が築ける。

①②の中間に位置するアサーティブな断り方を身につけると、人づき合いも良好になります。

ココロポイント

真似ることで好感度アップ

ミラーリング

人間は、自分と似ている点が多い相手に好意を持つ傾向があります。このような心理作用は**類似性の法則や****シンクロ効果**として説明されています。

たとえば価値観の近い相手とは会話がスムーズに進みますし、行動パターンが似た人とは行動しやすく、親しみが湧きます。また、相手に合わせようとするストレスも少なくなるので、楽につき合うことができるのです。

科学的に分析されたコミュニケーションメソッドである**NLP（神経言語プログラミング）**のなかで、行動が似ている人に好意を持つ心理を応用したテクニックのひとつに、**ミラーリング**があります。簡単にいえば、相手の動作を真似ることです。

たとえば商談や打ち合わせで相手がお茶を飲むタイミングに合わせて自分もお茶を飲んだりするなどです。動作を真似て、二人の動きがシンクロすることで、相手は無意識にこちらに**親近感**を抱くことが多いのです。

そもそも人間は、無意識に好意を抱いている相手と同じ動きをしてしまうことがあります。ミラーリングはそれを逆手にとった、**相手の動きを意識的に真似ることで相手の好感度をアップさせる**テクニックなのです。

ただし、あまり露骨にやりすぎると、「バカにされているのではないか」と相手に不快感を与えることになりかねませんので、注意が必要です。

ミラーリングは動きがぴったり同じでなくても、タイミングが多少遅れていても効果があるので、自然なやり方を心がけましょう。

そのためには、相手のことをよく観察して、いやみにならないミラーリングのやり方を身につけることです。もちろん、良好な人間関係を築いていくうえで相手をよく見ること、よく知ることが大切なのは、いうまでもないことです。

ミラーリングの実践テク

共通の話題を探す

初対面の相手と会話を盛り上げるのに使える、ミラーリングの一種です。つまり、出身地や仕事、家族構成や趣味など相手との共通点を聞き、共通しているところをアピールすることでミラーリング効果が得られます。

相手と同じ反応をする

相手が笑ったら笑う、相手が悲しんでいたらいっしょに悲しそうな顔をする。相手の感情に同調するだけの簡単なミラーリングですが、これだけでも相手に親近感を与えるには十分です。

仕草を合わせる

相手が足を組んだら自分も組む、飲み物を飲むタイミングで自分も飲むなどのミラーリングです。相手の無意識に親近感を刷り込む方法ですが、不自然にならないよう気をつけましょう。

会話版ミラーリング「ページング」

相手の行動を真似て、親近感を得る方法には会話のなかでも応用ができます。相手の話し方や話すテンポ、言葉などをそのまま真似るページングと呼ばれるテクニックです。

①話すテンポを合わせる
②声の大きさ・高さを真似る
③相手の言葉を使う
相手
速
遅
速
遅
自分
スゴ〜イ
ホント〜！
ピザが…
へぇピザ！

上記のことに気をつけて会話をすると「なんとなくこの人とは波長が合うな」と相手に感じさせることができます。

ココロポイント

信頼関係を築くテクニック

NLPのいろいろ

ミラーリング（⬇P88）は数ある**NLP**（神経言語プログラミング）テクニックのひとつ。NLPとは相手との**ラポール（信頼関係、心が通じ合っている状態）**を速やかに築くために研究された、人間心理とコミュニケーションに関する学問のことです。

NLPのテクニックにはミラーリング以外にもさまざまなものがあります。

相手の話すテンポや声の大きさ、呼吸のリズムなどに合わせる**（ペーシング）**、相手の心理的な状態を姿勢や表情、声のトーンや動作といった言葉以外のサインから見極める**（キャリブレーション）**や、「悲しかったんです」といわれて「そうですか、悲しかったんですね…」と相手の言葉を同じように返すおうむ返し**（バックトラッキング）**などがあげられます。

こうしたNLPのテクニックによって得られる効果はさまざまですが、どれも他者とのコミュニケーションを円滑にしたり、信頼関係を構築したりできるものです。

また、このテクニックを身につけることで他者との関係にとどまらず、自分の思考や感情のコントロール法なども学べるので、ネガティブな感情に振り回されにくくなります。

心理学用語 Check!

アンチ・ラポール

アンチ・ラポールとはラポールが崩れた状態のことです。信頼関係ができていた相手でも、「無視する」「軽視する」「否定する」「敵意を示す」「だます」「遠ざける」と受け取られる行動を取ると、長い間かけて築き上げてきた関係性が一瞬にして壊れてしまうことがあります。いったんこの状態に陥ると、こちらの主張がまともであっても取り合ってもらえなくなります。注意しましょう。

第4章

苦手な人と上手に会話する

日比野さん
今日はお弁当じゃないのよね？
お昼行きましょうよ
あ
ガタッ
はい
駅前にスーパーフードのお店ができてね
へぇ～

じいっ
ひょこっ
これまではみんなの観察をしつつ自分を変えることを考えてきました
しかしそろそろみんなにアプローチしていこうと思います…
花形料理
そういえば日比野さんは今後どうなっていきたいの？
え？
みんなと仲良くなりたい？
それとも適度な距離感で静かに暮らしたい？

! 目標を公言することをパブリック・コメントといいます。→P118へGo!

まず自己呈示について
ビシッ
自己呈示…？

心理学ファイル 10 自己呈示

自己呈示（セルフプレゼンテーション）は、自分にとって望ましい印象を相手が抱くよう、印象を操作することです。
どのように見せたいかによって、5つほどに分類されています。

①自分を売り込む「自己宣伝」
私は前向きな性格で地味でもコツコツ努力するタイプです！
本当は深く考えないで勉強しか取り柄がないだけだけど…

②恫喝などして相手を従わせようとする「威嚇」
だからお前はダメなんだ！
俺は部長と違って厳しいから従えよ！

「①自己宣伝」「②威嚇」の他に、「③取り入り」「④示範」「⑤哀願」があります。

相手に対して自分のことをこう思ってほしいこう思われたいという意図でアピールするのが自己呈示だよ
こういう者です!!
ユウ

▶P110へGO!

つまり自分の希望する姿を相手に印象づけようとすることなんだけど…
〝何もしない〟ことで自己呈示を行っていることもあるんだよ
？

自分の価値を認められたいという欲求を承認欲求といいます。

P116へGO!

おとなしく愚痴の聞き役に回ってしまっているのも…
意見したりして嫌われたくないという意図からくる
あいつがー
はぁ
一種の自己呈示といえるんだよ
ドキッ
…!
今までの係長のパワーに圧倒されてただ聞き役に回っていたけど…
自分の考え方や行動次第で状況は変えられるんだ!

はぁ〜
今日も課長ときたら低気圧よねェ〜…
あの人の機嫌のいいときなんてあるのかしらねえ よくまあ毎日毎日…
ゴゴッゴゴッ
ブツブツ
家庭がうまくいってないんじゃないのかしらねェ？
ふぅ
！
話題を悪口からそらすチャンス
あ！
あの
係長
ん？

係長は課長と違って
だんなさんとは
仲良しなんですか?
えー、うち?
んーー
別に仲は
悪くないけどさ…
まあ　うちぐらい
長くなれば
空気みたいな
もんよねェ
日比野さんこそ
最近どうなのよ?
そろそろオトコの
影くらいないの?
ズイッ
うっ
プライベート方面に
打ち返してきた…!
それなら…!
相変わらずというか…
全然出会いも
ないですし…

出会い…
ハッ
ドキ
……
ですけど！最近料理教室のチーズ料理講座が楽しいんです
料理教室？
料理が趣味だっていうことは前にお話ししましたよね？
え　ええ…
それも配属直後に根掘り葉掘り聞かれたからだけど…
お弁当は作ったり作らなかったりですけど
その料理教室がすごくストレス解消になってるんです
相手へ働きかける理論をもうひとつ…

心理学ファイル 11 自己開示

包み隠さず、何の意図もなく相手に自分の情報を開示すると、相手も相手自身のことを話してくれるようになります。

- コミュニケーションには「返報性のルール」が働きます。
- 趣味の話をすれば相手からも趣味の話が返ってきます。
- 家族の話をすれば、相手からも家族の話が返ってきます。
- そこからさらに深い話をすれば、相手も自然に自分の内面を明かしやすくなります。

▶P112へGO!

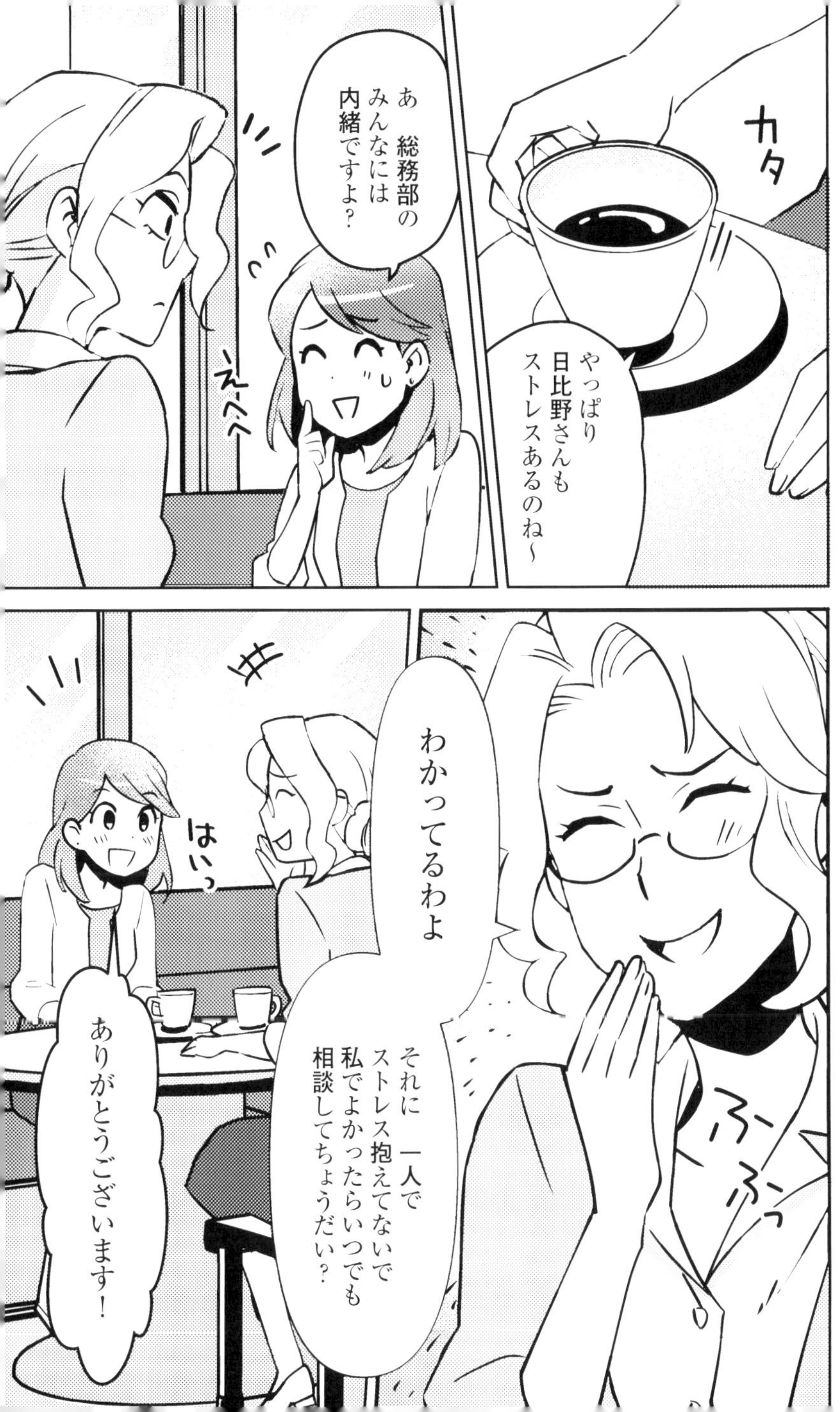
カタ
やっぱり日比野さんもストレスあるのね～
あ 総務部のみんなには内緒ですよ？
えへへ
わかってるわよ
ふふっ
それに 一人でストレス抱えてないで私でよかったらいつでも相談してちょうだい？
はいっ
ありがとうございます！

正直　係長のことも
そのストレスの
一部と感じて
しまってたけど…
あはは
でもやっぱり
根は悪い人じゃない…！
うんっ
それにしても…
課長もご家族が
いらっしゃるのに
フルタイムで働いて
役職までついて…
家事とか大変じゃ
ないんですか？
ん？
それこそ料理とか？

日比野さんみたいに料理教室行ってる人に自慢できるようなところは何もないけど
極力手抜きしないようにはしてるのよ
ピキーン
自己開示の「返報性のルール」が働いてる！
どんな料理が得意なんですか？
ズイッ
ええとね…
ハッ

あらっ おしゃべりしてたら もうこんな時間 じゃないの！
お昼休み 終わっちゃうわ
ガタ ガタ
ホントだ いっけない…！
ありがとう ございました〜
うちで一番 評判がいいのは ピーマンの肉詰め かしらねえ…
うん うん
あーっ 美味しい ですよね！
私、子どもの頃は ピーマン苦手だったん ですけど いまは大好きです！
うちの子たちもそうでね この料理のおかげで 食べられるように なったのよ
オープン・クエスチョンとか 「会話テクニック」も けっこう意識できたし！
うまくやれたかも…

心理学ファイル 12 オープン（クローズド）・クエスチョン

?
Q
相手と打ち解けて会話を盛り上げるには、質問の仕方も大事なんだ

苦手な相手と会話するコツ

親密で活発な会話を行うには
有効なテクニックがいくつかあります。

クローズド・クエスチョン

だんな様とは仲良しなんですか？
悪くはないわよ！

「イエス・ノー」で答える二者択一なので相手の考え方や事実関係が明確になりやすい。

オープン・クエスチョン

どんな料理が得意なんですか？
得意なのは煮物系ね
でもうちで人気があるのは…

自由に答えられるぶん、相手の本質を引き出しやすい。

ブックエンド効果

それでそれで？

相手の話を聴こうと身を乗り出す。

オープン・ポジション

手や足を開いてゆったりした姿勢をとる。

▶P114へGO!

ガ
池麺食

わたしのオススメレシピはー
……
うっ
山根さん…
フッ
チッ

し…
したうち…
アラ
山根さん
営業部のDMの件は
もう済んだ？
はい
済みました！
にっこーーー
助かるわー
いえいえー
……
係長　いまの舌打ち
聞こえなかったの
かな…

ぐたっ
はぁ――……
山根さん…
う～ん…
山根さんの舌打ちで
濱村係長とうまく会話がはずんだ達成感に冷水を浴びせられた気分でした
はぁ…

ゲルルルル…
山根さんが私の何を
気に入らないのかは
わかりません
でも
ぶんぶん
負けないぞ
いつかきっと
うまくつき合えるように
なりたいと思うんです…

心理学ファイル 10

相手に見せたい自分を演出

キーワード 自己呈示

「こう思われたい」と望むイメージを相手に与えるために自分の印象を操作することを、**自己呈示(セルフ・プレゼンテーション)**といいます。

たとえば試験前に「全然勉強してなくて…」と言い訳をする**セルフ・ハンディキャッピング**と呼ばれる行為は「自分は勉強すればいい点数をとれる人間だ」というイメージを与えようとするもの。

「仕事が忙しくて毎日3時間しか寝てない」というのは睡眠不足のアピールではなく、「仕事をたくさん任されている有能な自分」を印象づけたい場合があります。

このように直接的なアピール以外にも、自己呈示には態度で行うものがあります。

たとえば、上司が部下にきつく当たるのは「相手を従わせる力がある」ことを誇示するための自己呈示のことがあります。

自己呈示のバリエーションには、「知り合いに芸能人がいる」など、他人の威を借りて自分を大物と思わせる栄光浴と呼ばれる方法もあります。

また、女性が魅力的な男性の前で極度に小食になるという実験結果もよく知られています。これも「大食いな女と思われたくない」

注意点

自己アピールはやりすぎ厳禁!?

① 盛りすぎない

自己呈示は自分のイメージをよく見せようとするものなので、話をある程度〝盛って〟しまいがち。しかし、盛りすぎた話には実際の行動が伴わないことが多く、たいていがバレるものです。

② 相手によって態度を変えない

場面や相手によって自己呈示の度合いが極端に違う、特に同性に対してと異性に対してで自己呈示があまりに違いすぎる人が見られます。異性の目を意識しすぎるふるまいは、多くの場合同性からは嫌われがちで、敵をつくることが多いのです。

という心理が働いて無意識に「小食な女性である」という自己呈示を行っている例です。
　このように、無意識のものであっても「相手に思われたい姿をアピールしている」という行為は、すべて自己呈示なのです。
　気をつけたいのが、無意識のものを含めて、自己呈示ばかりしていると、押しつけがましく思われること。**過剰に演出した自分**とふだんの姿が違うことで裏表のある人間と思われてしまう場合もあります。
　逆に、「私は」「私の場合は」という言葉を使って相手が話し始めた場合は、自己呈示が始まった合図です。そのときは注意して聞き、同意してあげると相手の好感度を上げることができます。

③ ダイエットも目的を忘れずに

ダイエットも、自分の見せ方をコントロールしようとする点で自己呈示の一種といえます。しかし、痩せているほうがよいという過剰な思い込みで無理なダイエットをして健康を害することも。痩せすぎがイメージダウンにつながることもあるので注意しましょう。

その他の自己呈示のパターン

人・場所・シチュエーションなどで変わる自己呈示ですが、分類すると以下の５パターンのどれかに当てはまります。

①自己宣伝

自分の持つ能力やこれまでの誇らしい実績を示すことで、相手にとって価値があると存在と思わせます。

②威嚇

相手に対して自分が影響を与えることができると脅すことです。

③取り入り

相手にとって自分が役に立つことをアピールして相手からのよい評価を得ようとします。

④示範

自分が模範的な人物であると示して尊敬されようとすることです。

⑤哀願

自分が弱いことをアピールして同情を誘い、助けや利益を得ることです。

心理学ファイル 11

心を開けば親しくなれる

キーワード 自己開示

自己呈示（⬇P110）は「自分をよく見せようとする」行為でした。それに対して**自己開示**は、主に特定の相手に肯定的な部分も否定的な部分も**隠さずに打ち明ける**ことをいいます。この自己開示は、相手と打ち解けたいときにとても有効な方法です。

これは、「相手に何かをされると自分も同じことを返したくなる」という心理効果である**返報性のルール**が働くため。プレゼントをもらった相手に「何かお返しをしなくては」と思うのも、この心理効果が理由なのです。

打ち明け話でも同じ効果が働きます。こちらが何かを打ち明ければ、**相手もこちらが開示したのと同じくらいの打ち明け話をしようと自然に思う**のです。

たとえば、趣味の話をすれば相手も趣味のことを話し、好きな食べ物の話をすれば、相手も食べ物の話をしてくれます。

このように、ちょっとした打ち明け話をすることによって相手と情報が交換されていき、お互いを理解しやすくなります。それを繰り返すことで互いに親近感が高まり、コミュニケーションがさらにスムーズになります。

つまり、**相手に心を開いても**

心理テク

自己開示で相手の心をつかむコツ

① いきなり深い話をしない

初対面の相手と打ち解けるには、自己開示は非常に有効です。しかし、いきなり深い話をするのは禁物。最初は趣味など、なるべく当たりさわりのない軽い話題から始めましょう。

② 相手の自己開示にはこちらも返す

自己開示をすれば相手からも同程度の情報が返ってきます。当然、相手の自己開示にはこちらも返すことになります。その際「私は○○です、あなたはどうですか？」と聞かれたなら、多少答えづらいことでもなるべく正直に答えるように心がけましょう。

③ 恋愛では積極的に

恋愛においては、お互いを知って信頼関係を築いていくことが重要です。こちらが積極的に自己開示すれば、返報性のルールで相手のこともより深く知ることができるでしょう。

らいたいと思うなら、まずはこちらが積極的に心を開くことが重要なのです。

　このテクニックを意識して自己開示を行って相手から本音を引き出せるようになれば、相手との会話の流れもコントロールでき、こちらの聞きたい情報を得ることもかなり容易になるでしょう。

　もちろん、いきなり深刻な話をしたのでは相手も引いてしまいます。また、重要な話をして警戒されてしまうと、そこで会話も終わってしまいます。**自己開示はあせらず段階を追って行う**必要があるのです。

　まずは雑談から始めてお互いの情報の交換をしていき、少しずつ相手との距離を縮めていくようにするのがよいでしょう。

④ 反応が薄いときは話題を変える

こちらが自己開示しても、相手から返ってこない場合もあります。これは返報性が働かない関係性しか作れていないか、相手が踏み込まれたくない話題をしている可能性があります。そんなときは軽い話題に切り替え、関係性づくりをやり直しましょう。

自己開示で仲良くなれる理由

相手にしたことが同じくらい返ってくるのが返報性のルール。自己開示の場合、本音を伝えると相手の本音が引き出せます。

返報性のルール

相手に何かをしてあげると、相手が返したくなる基本的な人間心理です。

基本

相手への行為
小なら➡お返し小
大なら➡お返し大

自己開示

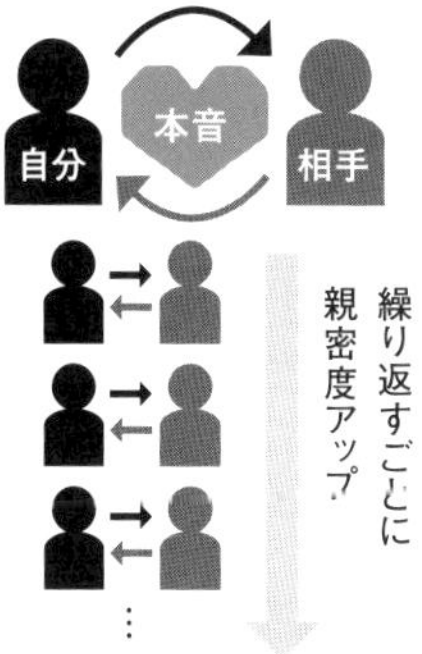

本音を伝えるのは相手への信頼を表すことなので、相手は「信頼されている」と自尊感情が満たされ、あなたへの親密感がアップします。回数が増すほど効果が増し、距離が縮まります。

心理学ファイル 12

苦手な相手と会話するコツ

キーワード　オープン（クローズド）・クエスチョン

多くの人が集まる職場や学校などでは、あまり話したことがない人や、「合わなそう」と思う人もいるでしょう。しかし、いつまでも避け続けるのは不自然です。

もし、そんな相手と話をしなくてはいけない場面が来たときに慌てないように覚えておきたいのが、心理学を応用した二つの質問テクニックです。

ひとつ目は、テンポよく会話を進められる**クローズド・クエスチョン**です。

これは、イエスかノーで答えられる質問。「今日は寒いですね」「そうですね」といった具合に、聞くのも答えるのも簡単です。話を切り出すときに使いやすく、相手も深く考えずに答えられるので、会話もスムーズです。

会話が弾んでさらに一歩踏み込みたいときや、逆に質問が尽きて間が持たないときには**オープン・クエスチョン**を続けるとよいでしょう。

これは「○○のこと、どう思いますか？」といった感じに、相手が**自由に、具体的に答えられる**質問です。相手も好きに話せるためつい本音が漏れやすく、より心を開いて話しやすくなるのです。

この二つをうまく組み合わせて

心理テク

非言語コミュニケーションを駆使する

① 視線を自然に合わせる

オープン・ポジション以外にも、相手と気持ちを通わせるのに非言語コミュニケーションが役立ちます。視線は相手の目を見つめ続けるのではなく、鼻や顔全体を見て、ときどき目を合わせるようにすると相手が話しやすくなります。

② 笑顔を心がける

相手と早く打ち解けたいのであれば、極力意識して笑顔で接するようにしましょう。返報性のルール（⬇Ｐ１１２）が働いて相手も笑顔になり、より親しくなれるはずです。

③ ゆっくり話す

話の内容も大切ですが、声の調子が相手に与える印象も重要です。低い声は信頼感を得やすいともいわれますが、声の高い人はなるべく落ち着いてゆっくり話すとよいでしょう。

質問をすると、より会話も弾み、打ち解けられるでしょう。

その際にさらにプラスして使うと効果が上がるのが、姿勢や体の動きなど、言葉以外で相手と気持ちを通わせる**非言語コミュニケーション**です。

手や足を開いてリラックスした姿勢を見せる**オープンポジション**や、身を乗り出して**体を相手のほうに向けて話を聞く、目を見て視線をはずさない**といった方法です。

これらの方法は、こちらが相手に対して心を開いていること、相手の話に興味を持っていることを示すサインなのです。

このような態度を取ることで相手はあなたにより親しみを感じ、話しやすくなるでしょう。

④ うなづいたり相槌を打つ

相手の話をうなずきながら聞くことで、相手の発言量が50％も増えたという実験結果があります。これは相手の話にうなずくことで、相手の承認欲求（➡P116）が満たされるからとされています。承認されたと思うことで、気持ちよく話してくれるわけです。

何度も会うと印象アップ

最初は「苦手」「会話なんて無理」と思った相手でも、何度も顔を合わせていると警戒心が薄れて親近感が増すという心理効果があります。心理学者のザイアンスが明らかにした単純接触効果というもので、話しかけるのが難しくても、会う回数が増えれば相手からの印象もアップするのです。

ザイアンスの実験

①被験者に複数の人物の写真を見せる。

②見せる回数は人物により変化させる。

結論

多く登場した人物の印象が、少ない人物よりよくなった。人は何度も目にすることで警戒心が徐々に解けていき、代わりに親近感が増す。

単純接触効果は嫌いな相手には働かないので注意!

ココロ ポイント

自分の価値を認められたい

承認欲求

人は誰でも「自分の**存在価値**を認めてもらいたい」という思いを持っているものです。この欲求のことを**承認欲求**といいます。

特に自分以外の誰かに認められたいという欲求のことを**他者承認**といい、「自分を必要以上に大きく見せようとする」のも承認欲求の表れです。これは、**劣等感**が強くて自尊感情も低い人が**歪んだ自己評価**の末に「自分のことを評価してほしい」「こういう自分だったらきっと評価してもらえる」という思いにとりつかれ、誇大な**自己呈示**（⬇P110）をしてしまうのです。

ほかにも、たとえばダメな男ばかりとつき合う女性は「男運が悪い」といわれますが、自尊感情や自己評価の低い人が多く、自らその相手を選んでいるといえます。借金まみれだったり、アルコール依存だったりする男性を甲斐甲斐しく世話することで「私はこの人に必要とされている」と思い込み、自分の承認欲求を満たしているのです。

人は大きな失敗をしたり、トラブルに遭ったりしたときには、自分のすべてを否定的にとらえ、ネガティブになりがちです。そんなときに「自分は必要とされている」と思うことで承認欲求が満たされ、自尊感情が高まります。

これはフラれたばかりのときに優しくしてくれる人を好きになるのがわかりやすい例。傷ついた自尊感情を回復してくれる存在をそばに置いておきたいと無意識に考え、好きという感情を芽生えさせるのです。

このように、誰かに認められたいという欲求は極端な行動に表れることがあります。職場の人間関係でも承認欲求による自己呈示をする人がいたら、相手の話をよく聞いて承認欲求を満たしてあげると好印象を持ってもらえるでしょう。

承認欲求を満たして好かれる方法

会議で指名する

会議中は黙っているのに、あとで決定に不満を漏らす人がいます。承認欲求が強いのに、発言することのリスクを恐れているのです。このような人は会議中に指名して、発言を求めましょう。もし現実的でない意見が出ても、ひとつの意見として認めることで安心してもらえます。

「お局様」はあえてヨイショする

ベテランの女性社員が持つ長年の経験は財産ですが、年齢を重ねて同年代が減ってくると取り残される不安や責任感からか、感情的になってトラブルが起きることもあるようです。ベテランとしての存在価値を認め、自尊感情を高めてもらうと職場の雰囲気もよくなるはずです。

努力や過程を褒める

人間はほめられることでモチベーションが向上します。その際、運にも左右される結果よりも、そこに至るまでに積み重ねてきた努力をほめるほうがよいとされます。努力をほめられることで承認欲求が満たされ、より困難な課題に挑戦するようになるのです。

失恋直後に告白されると好きになる心理

落ち込んだときに相手が魅力的に思える理由を心理学者のウォルスターは以下のような実験で明らかにしています。

手順① 被験者の女子学生に性格診断テストの結果を悪く伝える

手順② 実験協力者の男子学生がデートに誘う

結果 ①の結果を悪く伝えられた女子学生ほどデートに応じた

失恋や、実験のように自分が否定されると人の自尊感情は低くなります。すると、デートの誘いのように「自分を認めてくれている評価」を受け入れて、自尊感情を回復したくなる心理が自動的に働き、相手を好きになるのです。

ココロ ポイント

目標は宣言すると実現できる

パブリック・コミットメント

心のなかで思っているだけではなく、**目標を達成したり成果を上げるには、宣言したほうが効果的**です。そのような宣言を**パブリック・コミットメント**といいます。

パブリック・コミットメントをしたときに働く心理作用は、「もう後には引けない」「やるしかない」というプレッシャーによるモチベーションの上昇です。

具体的なやり方は、目標などを紙に書いて他人の目につくところに貼り出すだけ。目標が他人に伝わることで、強く意識するようになります。

人は宣言してしまうことで相手がどう思うかを気にするようになり、相手が口に出さなくても「やらなくては」という心理作用が働くのです。

他人を動かしたいときにもこの方法は効果的です。たとえば自分からは動かない部下を動かしたいときには、部下に**仕事の進め方を質問**し、その答えを紙に書いて提出させます。正式な書類ではなく、簡単なメモ程度でも十分です。

部下は自主的に予定を書いたわけではありませんが、「提出してしまったから」と予定通りに仕事を進めようとします。

このテクニックをチームで使うときの注意点は、各作業の担当者名を入れること。チーム全体に責任が分散すると、誰も動かないことがあります。

心理学用語 Check!

アファメーション

自分の理想や願望、目標などを宣言し、それを自分自身が**全力で肯定することで潜在意識に働きかけ、達成に向けた行動をするようになる**というテクニックです。一人でつぶやいたり、日記に書いても有効。ただし、**宣言するときに否定的な言葉を使わない**ように注意。「○○になりたい」は今は違うと心の中で認めているので効果が出ません。「私は○○だ」という宣言が効果的です。

第5章

イライラを鎮める

総務
う〜ん…
…
アポイント
○○会社内合せ
外回り 栗田
会議
山根さんと青木部長以外は外出中か
ハイ
ハイ
そちらの商品ですと…
カタ
カタ
ペラ
このメンツちょっと不安だな…
失礼しまーす!
ビクッ

企画部の川島ですけど…
川島しおり
企画部社員・のぞみの元同僚
あ はい…
お願いしていたインドネシア向け新商品のハラール認証書類について確認したいんですが
※ハラール…イスラム法において合法なもののこと。食品をイスラム教の人々に買ってもらうには成分や製造工程についてハラール認証を得る必要がある。
はは はい ハラール認証…
しょ 少々お待ちください…!
や
山根さんは
ハイ
エエ
まだ電話中…
キョロ キョロ
ハラール認証の件は ええと…確かどこかに資料が…
チラ
ぶ 部長は…
サッ
見て見ぬフリ——!!

わかる人
いないんですか？
あわわわわ
これじゃない
これもちがう
えーーと
あ　いえ
少々お待ち
ください…
ズズー
あの人
部長だよね？
何の反応も
ないけど…
…
なんなら
出直します
けど…
戻りましたー！
あっ…
川島さん！
お久しぶりです！
ホッ
日比野さん！

ああ… それでしたら 私が確認しておきますね
詳細はあとで 担当から連絡させます
了解 じゃあ頼んだよ！
主任 すみません…
そうでした… わかってたはずなのに あわてちゃって…
はぁ…
ハラール認証の件は 係長が責任者だけど
総務部の共有フォルダに 入ってるのは 覚えておかなくっちゃね
部長も把握している はずなんだけど…
それが…
チラ
チラ

無視⁉
はい…
ひどい！
こんなときはちゃんと責任もって対処すべき…
日比野さんは「すべき思考」がちょっと強い気もするね
いけない「すべき」には注意しなくちゃ
むぐ
？
それにしても…
チラ
ズズ―…
何のんきにお茶なんか飲んでんのよ
ムッカー

何かあったのか?
ドキッ
!!
かっ課長
あ!いいえ
いけない…どうしても緊張しちゃう
ももう解決済みで…
オドオド
ヘラヘラ
グッ…
イラッ
クルッ
?
…まあ解決したのならいい

ゴトン
ゴトン
ゴトン
はあ…
今日もいろいろ
疲れたなあ
ゴトン
ゴトン
あら!?…
花形料理教室から
メールが来てる
めずらしい
あれ？
次回お休みなんだ…
残念
都合により
料理教室は
次回はお休みと
させていただきます
…ユウさんなら
お休みの理由
知ってるかな？
ゴトン
ゴトン

土曜日
ちょっと腎臓の数値が悪くて入院させられちゃったけど全然深刻じゃないのよ
でもびっくりしました…入院だなんて…
二人で連絡を取り合って押しかけちゃいましたが
思ったより元気そうで安心しましたよ
ふふっ
たまの入院は慣れっこなのでもお休みになっちゃってごめんなさいね
今回はすぐ退院できると思うから…
いえいえ! あせらず養生なさってください

はぁ…
どうすれば…
大丈夫!
花形さんは幸い透析には至ってないし、そんなに心配することないよ
あ…いえ 花形先生は思ったより元気そうでよかったんですけど その…
料理教室がしばらくお休みになって どうしようかなって…
おや 病人の心配ではなくて自分の心配だったか
ちが… すみません!
なんてね! からかってごめん!
よかったら会社での話も聞きたいしお茶でもどうかな?
は はい… お願いします!

…というわけで
濱村係長とはうまくやっていけそうなんですけど
その他の人とはあいかわらずどう接していいか…
なるほど
糖質オフのパフェ〜♡
う〜〜〜〜ん
ぐい〜ん
ビクッ
まず
ぐいん
部長さんは
傍観者効果に陥りやすい人なのかもね
キラッ

心理学ファイル 13

傍観者効果

周囲に人が多いほど、「誰かが助けるだろう」と考えて、何かがあったときに人を助ける「援助行動」を起こせなくなることを指します。

HELP!!

キョロ
キョロ
周りにほかの人がいると人は他人を助ける行動を起こさなくなるものなんだ

「キティ・ジェノヴィーズ事件」

1964 年、アメリカ・ニューヨーク州である女性が暴漢に襲われ、誰からも助けられないままに殺されてしまいました。

- 襲われたキティ・ジェノヴィーズの悲鳴を周辺の住民の多くが聞き、様子を目撃していた人もいました。
- しかし、犯行を制止する声を上げる人はいても誰も助けようとせず、警察に通報した人もゼロでした。
- この事件をきっかけに、傍観者効果の研究が盛んになりました。

▶ P138へGO!

部長さんの心のなかはこんな感じじゃないかな
私の役割ではない
本当に助けて欲しいならちゃんと助けを求めるだろう
う…考えてそう
でもね 本当にそんな感じだったら対応はわりと簡単だよ
え そうなんですか!?
偉い地位にいる人だからみんな話しかけづらいだけで
はっきり名指しでSOSを出せばきっとそれなりに対応してくれるはずだよ
そっか……
確かに誰も部長にあえて助けを求める人はいなかったかも…
書類チェックでのやり取りはスムーズだし怒っている姿も見たことないし試す価値はあるわね…
ブツブツブツ
…あと課長さんのイライラだけど

心理学ファイル 14 境界性パーソナリティ障害

考え方や行動が極端に偏っていて、感情や対人関係が不安定になったり、衝動的に行動しがちになります。「ボーダー」と呼ばれ、代表的な人格障害のひとつです

特徴

些細なことで激怒する	考え方や行動が両極端になる	衝動的な行動をしがち

▶P140へGO!

それとね　もっとざっくり
「ハラスメントをしてくる
上司」とのつき合い方も
少しアドバイスしておくよ
ズズ～
ありがとう
ございます！
茶
あ…
おっと　ごめん
そろそろ僕は
行かないと
今日はいろいろと
アドバイス
ありがとう
ございました
青木部長のことは
光明が見えた
気がしましたが
鮫島課長については
不安が募った気がしました…
またねー
数日後
ああ…
わかりました

部長
ちょっと来客対応に
出ますので…
はい
日比野も来てくれ
ガタッ
えっ
わ
わ
私ですか…？
ズーン！
…
うう…
なんだろ…
誰？
それに
来客って？
ガチャ
お待たせ
いたしました

やあ
!!!
ユウさん！
えぇー
どうして…！
日比野
ユウ先生と知り合いなんだってな…実は俺もなんだ
身内が受診したことがあってそれ以来の仲なんだ
日比野さんには今まで黙っていて申し訳なかったけど
実は鮫島さんからも相談を受けていたんだよ
え…

心を落ち着かせるには「マインドフルネス」P114へGo!や、食事による対策 P146へGo!も有効です。

そ　それはぜひ
お願いします!
わわっ

心理学ファイル 15

漸進的筋弛緩法

気持ちが緊張したりイライラしているときには体もこわばった状態になります。筋肉を緩めて体をリラックスさせることで、気分を落ち着かせることが可能になります。

①眉間にしわを寄せて、額の筋肉を緊張させ、その状態を意識します。それから力を抜いて、リラックスした状態を意識します。

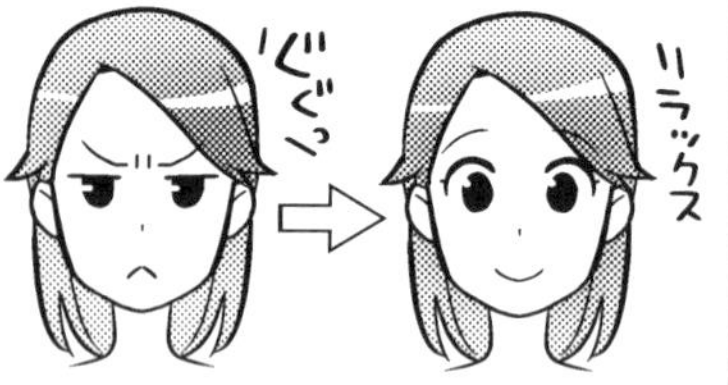
ぐぐっ
リラックス

②目を強く閉じて、目の周りの筋肉を緊張させ、そのことを意識します。それから目を閉じたまま力を抜き、その状態を意識します。

ぎゅっ

③歯を食いしばる状態で顔の下半分の筋肉の緊張を意識して、それから力を抜きます。

いーっ

④背を思いきり後ろに曲げて首に力を入れます。それから首を前に戻して、首の力を抜きます。

ぐぐー
ふぅ
もどす

⑤両肩をすぼめて、持ち上げます。それから肩の力を抜いてストンと落とします。いずれも力が入った（緊張した）状態と力を抜いた状態をそれぞれ意識しながら、2回繰り返します。

ぐぐっ
ストン

体をリラックスさせると
心もリラックスするんだよ!

▶P142へGO!

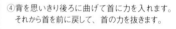

人に見られたくない姿だな…
ぐっ ストン
そ そうですね…
ぐっ ストン
本当は業務中だからマズいんだが…これはあくまで来客対応ってことで頼むぞ日比野…
ぐっ ストン
ぐっ ストン
ぐっ ストン
わ わかりました…
そして
この件で課長との距離がちょっと縮まった気がします
にこ
わざわざ会社に来てくれたユウさんとの距離も…

心理学ファイル
13

大勢いると他人ごとになる

キーワード 傍観者効果

心理学では、人間は周りにいる人が多ければ多いほど、誰かを助ける行動（援助行動）を起こせないとされています。これを**傍観者効果**といい、この効果を立証する最も有名な事例として1964年3月にニューヨークで起きた**「キティ・ジェノバース事件」**があげられます。

深夜の路上で暴漢に襲われたキティ・ジェノバースは、30分以上も大声で助けを求めながら逃げまどいました。その様子は、周辺のアパートの住人など実に計38人もの人が目撃したり、声を聞いたりしていました。

ところが、そのなかの誰一人としてキティを助けたり通報したりせず、結局、彼女は刺殺されてしまったのです。

こんな事態に陥ったのは大勢の人がいると**「誰かがやるだろう」「何も自分がやらなくても」**と考える**責任の分散**という心理効果が働き、周りの人が「助けない」という選択をしたからです。

周囲が行動を起こさないことから問題ないと思い込む**相互抑制効果**も、傍観者効果に結びつきます。また「出すぎたおせっかいと思われるのではないか」と周囲の目を気にする**評価懸念**も行動

解説

集団心理で起きる現象とは

① 人の多さが行動を妨げる

上記のキティ・ジェノバース事件を受けてアメリカの心理学者ビブ・ラタネとジョン・ダーリーが実験を行って明らかにしたのが「責任の分散は人が多いほど顕著になる」ということ。大勢が見ているからこそ「誰かがやるだろう」という心理が働き、動かなくなることがわかりました。

② 六人以上だと援助行動が半減

ラタネらの実験によれば、緊急事態が起きたとき、その場にいる人が二人だと85％が助けようとします。しかしその場に六人いた場合は40％近くが何もしません。本当に助けてほしいときは、「誰か」ではなく「特定の一人」に助けを求めるのが正解なのです。

を鈍らせる原因になります。

この傍観者効果は職場などでも働きます。パワハラが行われていたり、いじめがあったりしても、周囲の誰かが対応するだろうと考えるのです。また、誰も行動しなければ「問題ない」「それが普通だ」と思い込んで動こうとしない相互抑制効果や「目立ちたくない」という評価懸念も働きがちです。

傍観者効果に結びつく責任の分散・相互抑制効果・評価懸念などを防ぐには、ピンチのときに大声で不特定の周囲に助けを求めずに、**特定の誰か**に直接助けを求めることが有効とされています。

助けを求められた相手は傍観者ではなく**当事者として行動せざるを得なく**なり、他人面をできなくなることが多いからです。

③ 避難行動が抑制される

火事や天災などの緊急事態の場合でも、一般に人数が多くなるほど反応は鈍くなります。一部の人が「緊急事態だ！」と騒いでも、そのことに気づかない大多数が冷静だと、「じゃあきっと大丈夫なんだろう…」と、無意識に行動が抑制されるのです。

人助けをするまでの5つの心理ステップ

心理学者のラタネたちは、人が人助けに至るまでには3段階5つの心理ステップがあることを実験で明らかにしました。

1st 事態の把握

①異常事態を認識
②緊急性を認識

2nd 役割の理解

③助ける役割と認識（自覚）

責任の分散・相互抑制・評価懸念が認識を阻害することがある

3rd 方法の選択

④援助方法を認識
（知識があることを自覚）
⑤援助を決断

援助方法を知っていても、助ける力がないと思えば人は援助行動をしない。

心理学ファイル

14

極度にイライラしてしまう病気とは

キーワード 境界性パーソナリティ障害

ストレスの多い現代社会では、フラストレーションが溜まってイライラしている人はそう珍しくはありません。しかし、度がすぎている場合は、**パーソナリティ障害**の可能性もあります。

ここでいうパーソナリティ（人格）とは、人それぞれの特徴的な考え方や行動のパターンのこと。考え方や行動が人によって違うのは当然ですが、**考え方などが極端に偏っていると周囲とトラブルになり**、社会生活に支障が出ることもあります。

このような状態をパーソナリティ障害といいます。

そのなかでも特に感情が不安定だったり、衝動的な行動が顕著に見られるものを**境界性パーソナリティ障害**といいます。ここでの境界とは、治療が必要な神経症と、入院治療が必要なほど重症の統合失調症の中間を意味します。

境界性パーソナリティ障害の主な症状としては、

- **些細なことで激怒する**
- **衝動的な行動をとる**
- **考え方が両極端**
- 人に見捨てられるのではないかと**極度に不安がる**
- 嘘をついたりしてでも対人関係を操作して、**自分が有利にな**

解説 イライラしやすい心の病気

① うつ病

境界性パーソナリティ障害に限らず、精神障害のほとんどでイライラや怒りっぽさという症状が見られます。それらのなかでも最も多いのはうつ病で、いまや日本人の20％が一生のどこかで経験するともいわれます。

② 双極性障害

かつては「躁うつ病」と呼ばれていた病気。数か月単位で躁状態（テンションが異常に高くなる）とうつ状態（異常に低くなる）を繰り返し、躁状態のときには誇大妄想にとらわれるとともにイライラや攻撃性が高まります。

③ 統合失調症

20代前後など、比較的若い世代を中心に、妄想や幻聴などの症状が現れる病気。以前は「精神分裂」と呼ばれていました。誰かに悪口を

ろうとする

などが見られます。

これらの症状が出てしまっている場合、対人関係にトラブルが生じていることが多く、周囲にも多大な影響を与えます。

境界性パーソナリティ障害は、幼少時に親の愛情を十分に受けられなかったり、虐待を受けたりした人が発症しやすいともいわれますが、一方で遺伝的な要因も指摘されています。

イライラしたり怒ったりすることは誰でもあります。しかし、それがあまりに頻繁だったり、極端だったりする人と接する場合は、パーソナリティ障害の可能性を頭に入れて、相手がストレスに感じないような穏やかな対応を心がけましょう。

いわれたり危害を加えられたりしているという妄想が強く、イライラしやすくなります。

④ 強迫性障害

神経伝達物質が異常な働きをしてしまうために、心配や不安などの度合いが極端になってしまう病気です。過剰なストレスから発症することが多いともいわれます。

パーソナリティ障害の種類

パーソナリティ障害はそれぞれA～C群に分類され、全部で10種に区分されます。

A群

妄想性パーソナリティ障害
他者に不信感を持ち、危害を加えられるのではと思い込みます。

統合失調質パーソナリティ障害
社交的でなく、周りから他者に関心がないと思われてしまうもの。

統合失調型パーソナリティ障害
他者と関係を持つことに無関心で、一人でいるのを好みます。

B群

境界性パーソナリティ障害
イライラや不安感などの感情を制御できなくなります。

自己愛性パーソナリティ障害
自慢したりいばったりなど、利己的に他者と接してしまいます。

反社会性パーソナリティ障害
他者を理解しようとせず、ときに暴力行為に出ることがあります。

演技性パーソナリティ障害
派手な服装や行動で、他者の注目や関心を集めようとします。

C群

依存性パーソナリティ障害
自分に意思がなく、決定などを他者に求めすぎてしまう状態。

強迫性パーソナリティ障害
マナーやルールに厳しく、他者の間違いにだけ厳しくなります。

回避性パーソナリティ障害
間違いや失敗を恐れ、常にリスクを避けるよう行動します。

心理学ファイル
15

簡単なイライラ解消法

キーワード　漸進的筋弛緩法

人間の心と体は密接に結びついていて、心の好不調が体にも表れたり、逆に体の調子が精神状態に反映したりもします。**イライラしているときには、体も緊張した状態**になっているのです。

反対に、心がイライラしているときに筋肉をゆるめて体をリラックスさせることで、心を落ち着かせることもできます。それらのリラクゼーション法のなかでももっとも手軽なもののひとつに、**漸進的筋弛緩法**があります。

これは緊張して硬くなった筋肉をゆるめることで、心をリラックスさせようとするものです。

漸進的筋弛緩法は、紹介した五つのパターン（⬇P136）以外にも、次のようなやり方がありまず。それぞれ緊張と脱力を数回ずつ繰り返します。

●**両手**…手のひらを上向きに両腕を前に伸ばし、親指を内側にして手を強く握る。

●**上腕**…ガッツポーズのようにこぶしを握り、肩に近づけて力こぶができるように力を入れる。

●**背中**…上腕（右の例）と同じポーズを取り、肩甲骨を近づけることを意識しながら両腕を外に広げる。

●**足①**…椅子に座って両脚を前

解説
その他のリラックス法

① バイオフィードバック法

心拍数・呼吸数・体温の変化を機械で計測しながら、自分の意志で数値をコントロールできるようにトレーニングを行います。自律神経系を安定させるコツを覚えると自分の意思で気分を落ち着かせることができるようになります。

② 誘導イメージ法

楽しいイメージを思い浮かべるためにつくられた物語などを読むことで、ネガティブな気分や痛みなどを軽減し、ポジティブなイメージに自らを導くことでリラックスするという方法。ポジティブになれるマンガを読むなどもおすすめです。

方に出した状態で、つま先を伸ばして足の下側の筋肉を緊張させる。

●**足②**…足①のスタートの体勢からつま先を上に曲げて足の上側の筋肉を緊張させる。

それぞれ筋肉を緊張させるのは10秒ほどで、そのあとは15～20秒脱力します。この繰り返しを2回以上（無理がない程度に）行うことで筋肉がゆるみ、リラックス状態になれます。これを1日2セット以上続けて行います。

どの部位でも、重要なのは「筋肉が緊張している状態」と「リラックスしている状態」をしっかりと意識することです。

明確に区別・意識することで効果が上がり、緊張もほぐれるようになります。

③ 呼吸法

自分の呼吸に意識を向けることで自然にリラックスに向かう方法です。自然な呼吸をただ繰り返すやり方と、吸ったり吐いたりするタイミングをコントロールするやり方に分けられます。

こわばった体をゆるめる自立訓練法

ドイツの精神科医シュルツによって提唱されたのが「自律訓練法」。自己暗示により体の変化を起こすセルフコントロール法で、第1～6公式までやり方が確立されています。あるがままの感覚の変化を受け入れることでリラックスします。

第1公式（重たい感覚）のやり方

①椅子に座り全身の力を抜いて座る。
②「自分は落ち着いている」と心のなかで繰り返す（落ち着いたような気がすればOK）。
③（利き腕が右なら）「右腕が重たい」とゆっくりと何度も唱えながら右腕に集中する。
④実際に重たいような感覚を得られたら次は逆の腕、次に脚と順番に繰り返す。
⑤両手両脚が終わったら、各所を伸ばしていきます。2・3回深呼吸をして最後に目を開きます。

心を落ち着けて感覚の変化を味わうのが大事。

ココロ ポイント

うつ病に効く瞑想とは

マインドフルネス

現代社会にはストレスが多く、たくさんのストレス軽減法がありますが、そのひとつに近年人気が高まっている瞑想があります。

瞑想にはさまざまなやり方や種類がありますが、特に最近注目されているのが**マインドフルネス**です。これは、アメリカ人医師のジョン・カバット・ジンが提唱した**患者のストレスを低減**するための方法です。精神疾患の分野でも効果が認められ、注目されるようになりました。

マインドフルネスは、禅やヨガを学んだカバット・ジンが仏教のヴィパッサナー瞑想を現代の科学と融合させたもので精神が安定し、抗うつ薬やそれまでの認知行動療法が効かない難治性のうつ病に対しても非常に高い効果が認められています。

日本でもマインドフルネスのやり方が翻訳され、いくつも紹介されています。瞑想という非常に感覚的なものなので、どんどん実践して覚えていくほうがよいでしょう。

やり方は、呼吸瞑想法や食事瞑想法、歩行瞑想法などがありますが、どれも余計な考えを持たずに「五感」で感じたことだけに集中することが大切とされています。

ここでは初心者でも実践しやすいアンドリュー・ウェイル博士の4－7－8呼吸法を紹介します。

①周囲が騒がしくなく落ち着ける場所で、リラックスして座ります（横になってもよい）
②最初に4秒数えながら鼻から息を吸います
③息を7秒間止めます
④8秒数えながら息を吐き切ります
⑤②～④を繰り返し10分ほど続けます。

雑念が浮かんだら①からやり直します。10分はあくまで目安で、長くても問題ありません。

この呼吸法を毎日続ければ1か月ほどで、心と体の変化を感じられるといわれています。

マインドフルネスの効果

精神が安定する

思考や感情を入れずに現状をそのまま受け入れることにより、心身がリラックスし、不安や恐怖、ストレスが軽減されます。これによりうつ病の症状も軽くなるといわれています。

集中力がアップする

一瞬一瞬に意識を集中するため、自然と集中力が高まります。それにより学習効果や仕事の能率、そしてスポーツのパフォーマンスなども向上するとされています。

快眠

マインドフルネスは睡眠前に行うと、睡眠までにかかる時間が短くなる睡眠導入効果や、睡眠時の目覚め回数や睡眠効率、落ち込みの改善などの睡眠の質の向上も認められています。

免疫力の向上

過剰なストレスは自律神経を乱し、ひいては心臓発作や脳出血などにもつながるといわれます。マインドフルネスでストレスが軽減されると免疫力もアップし、心身ともに健康が保てるといわれています。

マインドフルネスで身につく4つの力

スタンドフォード大のマーフィ重松教授によると、リーダーには変動性・不確実性・複雑性・あいまい性に対応する力が求められ、それらに対応するためのスキルはマインドフルネスで手に入れられるとしています。

①変動性 ↔ 他人を頼る力

数年で常識が変わってしまう現代では、自力での対応には限界があり、サポートを素直に求められる謙虚さが必要です。

②不確実性 ↔ 理解する力

詳細がわからないような状況でも、細部にこだわらず問題を大筋で理解して解決への道すじを素早く見つけ出す能力です。

③複雑性 ↔ つなげる力

多くの人の長所を引き出し、つなげることで複雑な社会や状況に対応する新しい可能性をつくり出す能力です。

④あいまい性 ↔ 順応する力

あいまいな状況に対しても、多くのネットワークを通じて多くの意見を集め、素早く最善の方法を見つけ出せる能力です。

ココロ ポイント

イライラはきちんと食べて解消

食事による神経伝達物質コントロール

「イライラの原因はカルシウム不足」など、**食べ物は精神状態に関係する**と漠然といわれてきました。

しかし、実はカルシウム不足とイライラは直結するものではないことがわかっています。

最近の研究によると、神経細胞同士の情報伝達に関わっている神経伝達物質のなかでも、**特にセロトニンが不足するとイライラしやすくなる**とされています。

セロトニンは生体リズムなどを整えるほか、精神を安定させる働きをするといわれる物質です。このセロトニン不足によるイライラを解消するには、セロトニンを合成するための必須アミノ酸であるトリプトファンを多く含む肉類・魚介類や豆類を食べるとよいとされています。

とはいえ、職場でイライラしてもすぐにきちんとした食事をできる訳ではありません。そこでおすすめなのが、最近注目度が高くチョコレートや飲み物にもなっているγ《ガンマ》ーアミノ酪酸のGABA（Gamma Amino Butyric Acid）です。

脳や脊髄をリラックスさせたり、ストレスを軽減する作用がありますが、体内で一日につくられる量には限りがあるため不足しがちです。そのためサプリメントを上手に活用するとよいでしょう。

心理学用語 Check!

神経伝達物質

神経伝達物質には50以上の種類があります。そのなかで、**セロトニン**と並んで人間の精神状態に影響するとされているものには、**ドーパミン**、**アドレナリン**、**ノルアドレナリン**、**γ-アミノ酪酸**、**グリシン**などがあります。

そのうち、γ-アミノ酪酸とグリシンは抑制性の、それ以外は興奮性の神経伝達物質です。抗うつ薬などの向精神薬は、これらの神経伝達物質のバランスを調整するために用いられます。

第6章

部下のやる気を引き出す

Café
あれから課長に誘われて
食事をする機会がありました
ユウ先生には
痛いことを
いわれたよ
このままでは境界性
パーソナリティ障害に
なりかねませんって
モグ
モグ
そうなんですか…
両極端な考え方や
感情の起伏が激しいのが
特徴なんだってな
モグ
ただこの障害は
若い女性に多いから
俺の場合は男性更年期の
可能性もあるらしいが……
違うんですか？

俺は若い頃のほうが気性が激しかったんだ
加齢でイライラしていたわけじゃないぞ
ガシャーン
ふざけんなゴルァァ!!
今よりさらに…?
…はは
まあ それはさておき
職場でイライラしてしまうのは部長を意識してしまう面もあってな
あの人の指導力のなさに俺がお前たちを指導しなきゃという思いが強かったんだ
あの人の事務能力は尊敬できるんだが…
ビシッ
え 部長を?
ん〜
……
そっか
その言葉で私はユウさんに教わったことを思い出しました
パワハラやモラハラをする上司って本人に悪気のない場合が多いんだ

そうですね
鮫島課長も藤崎くんに
指導したい気持ちが
強いんだと思います
うん
そもそもパワハラを
する人の心理には
理解されたい
受け入れられたい
という欲求がある
その心理が強いから
理解してくれない
相手に攻撃的に
なってしまうし
熱心に指導しているのに
相手がおびえることに
イライラしてしまうんだ
【表に出ている態度】
ガミ
ガミ
ガミ
ガミ
【内側にある感情】
どうして
受け入れて
くれないんだ…
ゴクリ

こういう人は
自分が頑張らねば
という責任感も強いし
仕事に関して自分が
正しいという
絶対の自信もあるから
ちょっとやそっとじゃ
直らない
そう 仕事に関する
指示は的確なんです…
だから誰も
文句をいえない…
そういう人には
積極的にアドバイスを
求めてみると
意外とうまくいくよ
えっ！
頼りにされることで
自分が受け入れられていると
感じられるから
攻撃的な態度が
やわらぐんだ
課長
この件
わからないんですが…
ああ
それは…
あと 実は
なるほど
ちょっと怖いけど…
やってみます…！
自分のせいで部下が
辞めてしまったり
することを
悩む人も多いんだ
！

もしお互いが上司として部下として至らない部分があることを認めあえれば、関係は一気に改善するんだけどね…
そうか
課長はやっぱり責任感の強い人なんだな
――だがユウ先生から日比野の話を聞いて
指導に感情を出すことは控えるように心がけてみるよ
……
じゃ じゃあ もう〈ピリピリ鮫島〉に おびえずにすみますね！
なんちゃって

フッ…
この場でそんな口を
きかれても
気にもならない…
やはり職場では
気負いすぎ
だったんだな
ぱぁっ
それ以来
職場での課長は表面上
とても穏やかになりました
グッ
ストン
グッ
ストン
グッ
ストン
?
ブロッコリーの
成長体操?

相変わらず自分からは
動こうとしない部長も…
部長
助けてください！
お願いします！
ウン？
あ　ああ～
私…？
なるべく遠慮せずに
直接お願いすることで
助言や指示を
出してもらえるように…
これは
営業部に確認して
進めるといいよ
ありがとう
ございます!!
あちらの件
おねがいします
わかったよー
課長も
頑張らないで　一人で
部長に頼るように　うまく
意識しているみたい

だいぶいい雰囲気になってきた総務部ですが
でも　まだ問題がなくなったわけじゃありません…
ボ～～～
またボーッとしてる
魂抜けてる？
ボーー…
藤崎くんボーッとしてないの！
ぐいっ
ハッ
あ　は　はい　すいません…
カタカタ
優しくて人当たりもいい藤崎くんだけど
やっぱり「指示待ち人間」タイプみたいで…

人から指示を受けないと行動ができないタイプの部下を動かすにはコツがあります。

P172へGo!

昼休み
Café
ずいっ
藤崎くん？ もうちょっとシャキッとしてほしいわよねェ
すごくイイ子だとは思うのよ どう考えてもやり手ではないけどね！
はい…
なあに？ 藤崎くん気になるの？ 年下がタイプ？
し 仕事のことです…
顔は悪くないわよねェ
頼りないけど
…
ニヤ
ニヤ
確かにルックスはけっこうかわいいけど…

係長のいうとおり
藤崎くんは有能なビジネスマンタイプではないかもしれません…
ぼー
申し訳ありません
ふむ
ユウさんに教わった**交換的人間関係／協同的人間関係**で考えると…

心理学ファイル 16 交換的人間関係／協同的人間関係

以上の4つのうち、3つ以上に当てはまる人は**「交換的人間関係」**を重視するタイプで、ビジネスで成功しやすい人とされています。当てはまらないタイプの人は**「協同的人間関係」**を重視するタイプで、見返りをあまり求めないぶん、円滑な家庭を築ける人とされます。

性格からビジネスで成功しやすいかわかるんだ

①他人に助けてもらったら、すぐにお返しをしなければと思う
ありがとうございます！
②助けてあげた相手からお返しがないと、一方的に利用されたと感じて気分が悪い
助けてあげたのに…
カンジ悪いわねー
③仕事の報酬は平等に分配されるのではなく、貢献度に応じて分配されるべきだと思う
バリバリ
④助けた相手から感謝の言葉がないと気分が悪い
お礼くらいいってほしいなぁ

▶P166へGO!

うーん…藤崎くんは明らかに「協同的人間関係」のタイプだよなぁ
大丈夫？
平気です！
いまのままでもいいところはあるけど…

きみ 困るよー
も 申し訳ありません…
でもやっぱり 藤崎くんには 成長してほしいと 思うんです
数日後の休日
ユウさんとは 料理教室と同じ曜日に
カフェで相談に 乗ってもらっています
それなら もってこいなのが…
なのが？
ズバリ
ほめて伸ばす！
ズバーン

心理学ファイル 17 ピグマリオン効果

人間にはほめられたりけなされたりすることで、能力のパフォーマンスが上下するという心理作用があります。

ピグマリオン効果	ゴーレム効果

ほめられることでモチベーションが上がり、よい働きができるようになります。	否定され続けると能力とモチベーションが下がり、結果が出せなくなってしまいます。

▶P168へGO!

心理学ファイル 18 **ホーソン効果**

ほとんどの人は、上司などに見られていると「できない奴と思われたくない」といった心理からモチベーションが上がったりするものです。心理学ではこれを「ホーソン効果」と呼びます。

▶P170へGO!

人は期待の眼差しを向けられると適度に緊張しつつ安心してパフォーマンスを発揮できるようになるんだよ
ガタッ
わかりました とにかくやってみます！
数日後
藤崎くん ちょっといいかな
はい
ボトムアップの件はわかるよね？
まぁ
あ はい…
池麺食品では社員アンケートで意見を募って経営に反映させる「ボトムアップ手法」を積極的に取り入れているんです
ネバ！
アンケート

藤崎くんに
アンケートの集計と
まとめをお願い
したいんだけど…
えっ
ぼ 僕がですか？
うん
あれって
集計結果を整理して
アンケート
取締役会向けに
コメントつけて
報告書出さなきゃ
ですよね…
ここは
ホーソン効果を
意識して…
最初は大変かも
知れないけど
私がちゃんとフォロー
アップするし…
とりあえず項目ごとに
解析してコメントつけて
その都度私に
見せてほしいの
わからないところが
あったらいつでも
相談してくれれば
いいから…
うん
は
はい
わかりました…！

数日後
ああの 主任…
？
今 主任のパソコンに最初のぶんのデータ送りました…
あら 早いわね！
…
ドキドキ
カチ カチ
いいね 的確だと思う！
ぱぁっ
うん
あ ありがとうございます！

❗認められることでやりがいが感じられると内発的な動機 P172へGo! につながり、強化の法則 P174へGo! が働くようになります。

心理学ファイル 16

キーワード 交換的人間関係・協同的人間関係

ビジネス向きか家庭向きかを判別

生き生きと仕事をしている人やそうでない人など、職場にはさまざまなタイプの人がいます。しかし、そのなかでもビジネスで成功するのはほんの一部です。

心理学では「人間関係のどのような側面を重視するか」によってビジネスで成功しやすいタイプかを判別できるとしています。

判別のポイントとなるのは人間関係のなかで**「交換的」**、つまり**「お返し」**が必要と考えるかどうかという点です。

お返しを求めるのが**交換的人間関係**を重視するタイプ。自らも受けた恩には必ずお返しをすべきだと考える一方で、自分の働きや貢献の度合いに対して見合った報酬を求めます。

このタイプはいわゆる〝Win-Win〟の関係を築くのが得意。ビジネスマンとして成功するのはこちらのタイプです。

逆に「仕事はみんなでやるもの」という意識なのが、**協同的人間関係**を重視するタイプです。物事を損得で考えることが少なく、何かをしてあげても見返りや報酬をあまり求めません。

このタイプは損得勘定に長けていないため仕事を押しつけられることも多いようです。そのため、

解説 見返りを求めすぎはNG!?

交換的人間関係を重視する人の場合、営業成績もよく、お客さんからの信頼も厚くても、社内やプライベートでの評判はイマイチ…ということがあります。それは次のような理由があげられます。

① 見返りをもらうことが当たり前?

「仕事＝見返りの与え合い」が当然なので、何かを依頼されたときには「助けるのはいいけど代わりに何をしてくれるの?」など、つい見返りの提示を求めがちです。見返りを用意しないとやってくれない「心の狭いヤツ」という印象を相手に与えてしまうのです。

② 失敗をいつまでも認めない?

仕事の場合、ときには見切りをつけて次に進むことが必要なときもあります。しかし、諦めたくない心情（サンクコスト効果）が働いて無駄にねばった結果、「失敗をいつまでも認

本来の自分の仕事がおろそかになってしまい、自分の仕事での評価は低かったりします。

しかし、互いを思い合う恋愛関係や家族関係では**無償の愛**を与えるタイプなので、パートナーと協力し合い、円満な家庭を築くことができます。

一方、ビジネスでは有能な交換的人間関係を重視するタイプですが、「元を取りたくなる」心理である**サンクコスト効果**が働きがちな点に注意が必要です。

特に対人関係、恋愛などでは「いままで尽くしたしたのに、ここで引いたら損をする」「いつか損を取り返せるかも」と考えがちです。恋愛感情がなくなったのに別れられない、というのはこの心理作用が働いてしまっているせいです。

めない」「ロスを大きくした」というマイナス評価につながることがあります。

③ 恋愛相手ともギブ&テイクの関係

恋愛でもサンクコスト効果が働くため、たとえばプレゼントは交換が当たり前、さらに同じくらいの金額でないと気が済みません。なんでも等価交換で考えてしまうため、相手が「満足できるお返し」を用意するのに疲れてしまい、破局につながることもあります。

協同的人間関係タイプの他人からの評価は？

ビジネスマンとしては交換的人間関係タイプのほうが高評価ですが、人間関係においては協同的人間関係タイプのほうが人に好かれる傾向があります。しかし、仕事だと評価はされないタイプで、他者からのイメージは以下のようなものがあげられます。

プラス評価

- 気配りができる（協調性が高い）
- 人助けを苦にしない（立派）
- 想いやりがある（優しい）
- 頼み事を断らない（人情味がある）
- 見返りを求めない（清廉な人柄）

マイナス評価

- 自己主張が少ない（非積極的）
- 自主性が低い（受け身）
- 他人の余計な仕事を引き受けて、自分の仕事が遅い（非効率）
- 見返りを求めないぶん、何を考えているかわからない（怖い）

心理学ファイル 17

期待が人を成長させる

キーワード ピグマリオン効果

部下を激しく叱責する上司がいる職場だと、仕事をするときの空気も重いものです。そんな上司の頭には「厳しく育てるべき」という日本らしい考え方が根強く残っているのでしょう。

しかし、叱られたことで奮起するタイプもいますが、叱られることでやる気や自信がなくなり、落ち込んでしまう人のほうが多いのではないでしょうか。

心理学では叱るよりほめたほうが伸びることがわかっています。アメリカの心理学者ロバート・ローゼンタールの実験で明らかにしたもので、**ピグマリオン効果（教師期待効果）**と呼ばれます。

実験は教師の期待が生徒の成績にどのような影響を与えるのか調べるものでした。教師に期待をかけられた生徒は**モチベーションが向上し**、期待通り、またはそれ以上の結果を残したのです。

これはもちろん職場でも応用できる方法です。しかし、その際に大切なのは、口先だけの期待の言葉ではありません。相手が必ず成長すると本当に期待を持って接し、熱心に指導しなければ、本気になってもらうことはできません。ピグマリオン効果は、期待が本物であると相手に伝わることが

心理テク

相手を伸ばすコツと注意点

仕事

叱ったあとは必ずフォロー

ピグマリオン効果を気にするあまり、正しいタイミングで部下を叱れなくなるのは本末転倒です。間違いはしっかり伝えるべきですが、その方法には注意が必要です。「周囲に人がいるところで叱責しない」「叱るのは短く」を心がけましょう。また、失敗してもやり方の間違いを指摘するにとどめます。最後に大事なのは「次からはできると信じている」と相手の心に届くようにフォローの言葉を口にすることです。

仕事

スパルタは絶対にNG!

ブラック企業では契約件数などの成績で社員を極端にほめたり、けなしたりするなど、度を越したやり方で高いモチベーションを引き出すのが常套手段。しかし、それは短期的にしか続かず、日常的にけなされている場合にはゴーレム効果になり、モチベーションは下がったままで成果も上がりません。

大事なのです。

ピグマリオン効果とは逆の効果で**ゴーレム効果**というものがあります。ネガティブな言葉を投げられ続けると、元々は能力があっても、力を発揮できなくなってしまう心理作用です。

たとえば、「ほめず・期待せず・叱責する」スパルタ教育で「お前はダメだ」などといい続けると、相手のモチベーションは低下していくばかり。いくら厳しくしても、結果として業績や成績はいつまでも上がりません。

また、人間の脳は主語に関係なくさまざまな言葉に影響を受けます。そのため、他人にネガティブなことをいっていると、自分のモチベーションも下がるため、控えるべきかもしれません。

恋愛

パートナーに期待する

恋愛や結婚の相手にも、ピグマリオン効果は有効です。なるべく相手のよいところを見つけて積極的にほめれば、相手は魅力を維持し続けるでしょう。逆に、相手の変化にも無頓着になると、メイクや服装なども手抜きをするようになり、相手の魅力がどんどん失われていきます。パートナーが輝き続けるかどうかは、相手への接し方次第なのです。

人を変えるラベリング効果

「君は◯◯な人だよね」という他者からのレッテルは、その人に影響を与えることがわかっています。これは社会心理学者ベッカーが提唱した理論で、レッテルを貼ることで相手がその通りになることをラベリング効果といいます。

よいイメージのラベリング

例 君は本当はできる人だ
君はよく気が利く人だ

自分では思っていないことでも人からいわれるとその気になり、やれる気にさせることができます。また、ラベリングされると、他者の目を意識してその通りにふるまおうとする心理が働きます。

悪いイメージのラベリング

例 できないヤツ
悪い（ことをした）ヤツ

悪人や役立たずなど、マイナスイメージのレッテルを貼られると、自信ややる気がなくなり、自尊感情が低くなります。人はマイナスイメージを持たれていることを自覚していると、相手がいないときでもイメージ通りの行動をしてしまいます。

心理学ファイル 18

見られていると成果がアップ

キーワード ホーソン効果

人は誰かに見られていると、そうでないときより緊張感や**モチベーション**が上がって成果も上がります。

職場でいえば「上司がいる・いないでやる気が変わる」のがわかりやすい例です。この心理効果のことを心理学では**ホーソン効果**といいます。

これは、相手に見られていることを意識すると、人は高い能力を発揮するというものです。

この心理効果はオーストラリアの心理学者ジョージ・エルトン・メイヨーたちがアメリカのある工場の作業員を対象に行った実験で明らかになりました。この実験を行ったホーソン工場が名前の由来になっています。

このホーソン効果は、職場で部下を持つ人にとっても活用できる心理テクニックです。

部下のやる気は見られていると感じることでアップするので、相手のことを見ていて、気にかけていることを伝えるのです。

たとえば、報告書を受け取るときに最近の仕事ぶりについて会話をしたり、仕事の進捗具合を時々確認するだけで、「日常的に見られている」と感じさせることができます。

心理テク

ホーソン効果のビジネスへの応用

① お互いを評価する

ディズニーランドでは、キャストの評価を現場のキャスト同士で行っていることが知られています。常に現場にいる同僚に評価されることでホーソン効果が働き、全員がモチベーション高く働くことができるのです。

② 積極的に評価してもらう

たとえば理想の上司や憧れの先輩など、自分がお手本にしたい人がいれば、その人といっしょに行動し、できるだけ意見してもらいます。お手本となる姿が目の前にあるだけでなく、その人の視界に常に入ることで「自分の行動を正そう」という心理が働き、理想の姿へとより早く近づけます。

ホーソン工場での実験

仮説を証明するのが心理学の実験ですが、ホーソン効果は実験の失敗を繰り返して偶然発見された心理効果でした。

仮説

環境・条件が人の作業効率に影響を与える。

第1の証明実験

照明の明るさによる変化

➡特に差異なし。

明るさ

第2の証明実験

労働条件向上による変化（報酬・休憩時間・室温）

➡特に差異なし。

効果が出ないので被験者と面談

➡被験者が「能力が低いと思われたくない」と思っていたことが判明。

被験者の分析

第3の証明実験

観測者の存在と地位で変化

➡見ている人が偉いほど生産性が上がること、効率よく進めようと団結することが判明。

観測者

結論（ホーソン効果）

“観測者”の存在が個人のモチベーションを向上させ、作業の生産性を上げる。

また、**ピグマリオン効果**（➡P168）との相乗効果を狙って、「いつもがんばっているね、期待しているよ」など、積極的に声をかけるのも有効でしょう。

もちろん、ホーソン効果は自分にも働きます。たとえばダイエットの場合、一人で痩せようと自宅でトレーニングするより、ジムに通う方が周りに人がいるため**成功しやすい**といわれます。

また、最近人気のパーソナルトレーニングは、食生活の管理なども含まれており、ジムにただ通うより結果が出るといわれます。

これは、食生活まで知られることによるホーソン効果と、期待が成果につながるピグマリオン効果の相乗効果による結果と考えられます。

③ 作業内容のチェックを予告する

誰かの目を意識することで作業効率が上がるホーソン効果ですが、裏を返せば一人だと効率が落ちるということ。あなたが部下を管理する立場でどうしても席を外したり、外出するときは、戻ってから報告を受けるようにするといいでしょう。部下の心理が「いないから締め切りが延びる」のではなく「戻るまでにやらなくては」となり、一人でも集中して作業をします。

ココロポイント

指示待ち社員を動かすコツは

外発的動機づけ・内発的動機づけ

部下や後輩が**「指示待ち社員」**だったとしたら、上司や先輩にとっては大きな悩みの種となるでしょう。指示された仕事はきちんとこなせる相手の場合、能力がないわけではなく、本人のやる気が出ないことが問題だったりします。

そのような社員には、自ら動き出すための仕事に対する**動機づけ**が大切です。人が行動を起こす**きっかけ**である動機づけには、**外発的動機づけ**と**内発的動機づけ**の二つに分けられます。

外発的動機づけとは、周囲からの外的な刺激や働きかけで行動が促されることです。

たとえば「この仕事を成功させたら臨時ボーナスだ！」と自分から動きたくなるように報酬を提示したりします。ただし、本人が本当に欲しいと思うものでなければ、動機にはつながりません。

逆に「目標が達成できなければボーナスはなしだ！」などとペナルティを課すことで、動かなければいけない状況をつくり出す場合もあげられます。

これらのように、外部から**強制**するような働きかけが強ければ、それだけ相手の行動も促されます。即効性があるのがメリットですが、繰り返していくと効果が薄れてくるほか、自発性や主体性は失われがちです。

一方、内発的動機づけは自分の**意志**や**欲求**に従って行動に結びつけられるものです。たとえば音楽好きな部下にフェス会場に置く自社商品の営業を任せるなど、部下が自分からがんばりたいと思えるようにするなどが該当します。

一般的な仕事で内発的動機づけを強めるには、上司や先輩が細かく指示するのはNGです。

仕事の一部をある程度**本人に任せて**適切なサポートを行い、自分で考えてやった仕事で**成功体験**を積ませましょう。

やる気を出させるには？

部下に決定させる

部下に仕事を任せるときは、やり方を指示して作業させるのではなく、仕事の進め方などを自分で決めさせます。自分で決める「自己決定感」を持つことが、やりがいや満足感につながるのです。努力が報われる達成感や、周囲に認められる喜びも大切です。

自発性を大切にする

外発的動機づけは、報酬がなくなればやる気は失われてしまいますが、本人が自発的に取り組むことでやる気が継続されることもあります。たとえば、試験のために仕方なく始めた勉強が、何かのきっかけで面白くなったりするような場合です。

十分な報酬を与える

外発的動機づけのなかでも一番ダイレクトにやる気を刺激するのは、何といっても金銭的報酬でしょう。しかし、ホーソン工場での実験（➡P166）では、賃金の額を多少上げ下げしても、生産性は極端には変わらないという結果が出ています。本人が「動きたい」と思うほどの十分な額の提示が必要になります。

マズローの欲求5段階説

心理学者マズローは人間の欲求は5段階という「欲求階層理論」を唱えました。人は生理的な欲求（①）、身の安全（②）、社会的な地位・愛情（③）が確保されてはじめて人から認められたい（④）、自分の理想を実現したい（⑤）という欲求が生まれるというもの。最低限満たされていないと人はやる気を出せないということです。

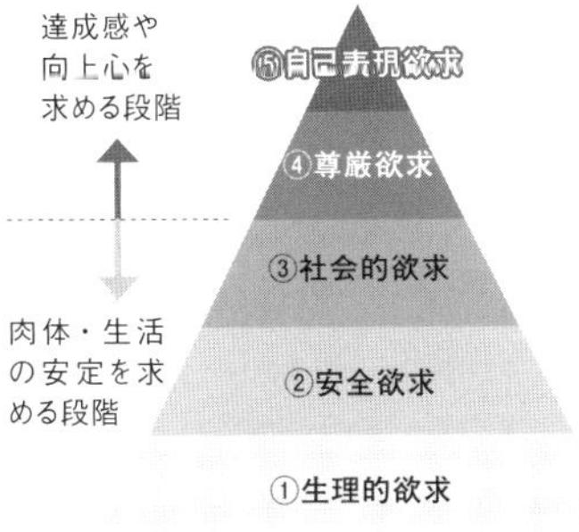

達成感や
向上心を
求める段階
肉体・生活
の安定を求
める段階
⑤自己表現欲求
④尊厳欲求
③社会的欲求
②安全欲求
①生理的欲求

ココロ ポイント

報酬欲しさに繰り返す心理

強化の法則

人が行動する動機のひとつに**強化**があります。これは、ある行動に対して与えられた報酬が欲しくて、何度も同じ行動を繰り返してしまうことです。

強化には二つの種類があり、ひとつは行動のたびに必ず報酬が得られる**連続強化**、もうひとつは報酬が得られたり、得られなかったりする**部分強化**です。

連続強化は、毎日の報告書を提出するたびにほめられるなど、決まったことをすると必ず**報酬がもらえるもの**を指します。

一方の部分強化は、ある行動をしたときに、時々報酬がもらえるもの。回数は少なくても一度**「忘れられないほどうれしい報酬」**が与えられると、「もう一度」と思って行動してしまうものです。ギャンブルをやめられないのもこの心理ですが、仕事でがんばって社長賞をもらえて「次も！」とがんばるのも、この部分強化にあたります。

この強化の心理作用は、もちろん対人関係でも働きます。特に職場で部下を動かしたいときに活用できます。

「ほめる」ことは報酬となるので、何かをすると必ずほめる連続強化と、たまに大げさなほどほめる部分強化を使い分けるとよいでしょう。連続強化は途切れると効果を失うので毎回行うのがおすすめです。

心理学用語 Check!

自己中心性バイアス

「自分ならできる!」という自信はモチベーションを高めるために大事なもの。しかし、人間は自分のことを**過大に**見積もりがちです。その傾向のことを心理学では**自己中心性バイアス**といいます。**認知の歪み**（➡ P30）のひとつで、自分だけの経験なのに「人は誰でも○○をして当たり前」だと思い込んで自分を正当化したり、「自分に限ってはいつか必ず成功する」など根拠なく、都合よく考えてしまうのです。

第7章

集団に働く心理を知る

いいわね！この調子でがんばって！
ごくろーさま
はい！
ピグマリオン効果&ホーソン効果作戦は予想以上に効果があったみたいです
ちゃんと見てるよ
総務部 朝礼兼ミーティング
ホームページの更新内容については以上でよろしいですか？

あの…ちょっとよろしいでしょうか？
？
僕がいままとめているボトムアップの社内アンケート
採用事例をホームページにアップしたら会社のアピールになるんじゃないかと思ったんですけど…
ああの
し――ん
あら！
いいこというじゃない？
社員の意見を積極的に吸い上げていることをアピールするのは確かに会社のイメージアップになるな
「ネバネバ！オクラーメン」だって元々はボトムアップの企画だったしいいんじゃないですか？
オクラーメン
上は最後まで反対してたんだよね

パァァァァ
よし　それ
やってみよう！
ありがとう
ございます！
うん
うん
ずいぶん積極的に
なってきたなぁ…
後でほめて
あげないとね
…更新の実作業をする
山根と相談しながら
進めていってくれ
山根さん
よろしく
お願いします！
え
はい！
ええ…

ぐーぐー
藤崎くん
なんだかシャンとして
きたんじゃないの？
日比野さん
何かした？
ふふふ…
ヒミツです
やだ〜
やらし〜
ケラ
ケラ
やらしーって…
課長も最近は
ちょっと丸くなって
きたみたいだし…
日比野さんが
来てから
オフィスの空気が
どんどんよくなって
いくみたい
いやーそんな
えへへー
アハハ
ウフフ
…
なによ…
いい気に
なっちゃって…
イラッ

数日後
ごくろーさま
郵便です
ほら　総務の…
あの人が色仕掛けの？
ヒソ
ヒソ
クルッ
サッ
んー…
……？
営業部
郵便お持ちしました！

お疲れさま
日比野さん！
よっ
すっかり総務部が
板についてきたね
澤井由紀
営業部社員
何それ～
ほめてるん
だって！
異動が決まったときは
ショックで
落ち込んでたけど
元気そうじゃない？
大丈夫？
まあねー
いまは部下の子の
面倒見たり
忙しくて…
…日比野さん
ちょっといい？
キョロ
キョロ
？
…どうしたの？
山根さんが…
やっぱり陰で
日比野さんの悪口
いってるみたいで…
ヒソ…
え…？

根も葉もないうわさが信じられてしまう理由のひとつにウィンザー効果があります。

P202へGo!

いつもと違う曜日にこんな店に呼び出されたと思ったら…
そういうことね
いつものカフェの隣だけど…
ぐーーっ
一口餃子
ビフテキ
ビー
おすすめ
酒場
一口飲んだ瞬間くだを巻く人はじめて見た！
まぁまぁ抑えて…
酔っぱらっちゃったら僕のアドバイスも頭に入らなくなるでしょ？
ムーー
だからこれってひどくないですか⁉
ダン

飲まなきゃ
やってられませんが
そ　そうでした…
ム〜〜
つまり
その同期の彼女は
花形部署の
企画部に配属された
日比野さんにもともと
嫉妬していて
さらにはずっと総務部に
いた自分を差し置いて
主任に抜擢されたことで
憎しみをつのらせ
日比野さんの足を
引っ張ろうとしてる
…というところかな
企画部
憎
総務部
主任
そう！
そうなんですよ！
同じく同期の
澤井さんの
見立てでは
そんな感じで
どうして…
なるほど…
うん
この問題は
日本社会に根強い
母性原理が
絡んでいそうだね
モグ
モグ
母性原理？

心理学ファイル 19 母性原理

個人を能力などで区別せず、コミュニティを大切にし、みんなを平等に扱おうとする社会原理です。そのような社会では協調性が育まれる一方で、個性が育ちにくく、年功序列をよしとする社会風土が生まれます。

お遊戯でみんなが主役
桃太郎
日本一
日本一
運動会でみんないっしょにゴール!

これらは母性原理が強く出過ぎてしまった事例と考えられます。すべてを「温かく包み込む」のが母性原理ですが、その反面「できる子・できない子」のような格差が生まれることをよしとせず、突出した才能は埋もれたり、場合によっては排除の対象になってしまいます。

日本の社会は「平等であるべき」という風潮が強いといわれているんだ

▶P194へGO!

行き過ぎた平等は才能に対するねたみを生みやすいんだ
「出る杭は打たれる」ってことだね
そんな
私なんかが「出る杭」だなんて…
要は同期に取り残されるのが不安なんだよ
ズズ〜
はあ〜
いっそのこと直接いってくれればいいのに…

「没個性化」という心理効果が働くため、本人がいないところでは過激な発言がされやすくなります。

P208へGO!

心理学ファイル 20 好意の返報性

人間の心は、相手に好意を示されるとこちらも相手に好意を抱くようにできています。これを好意の返報性と呼びます。

▶P196へGO!

この心理作用を応用してこちらから好きになってしまうんだ
カンタンでしょ？
そうすれば相手はどうしても好意を返したくなってしまうようになる
なるほど…
逆転の発想ですね
…試してみます！
ぐいっ
これで気合いを…!!
ああ飲みすぎない！
とにかくもう嫌われちゃってるわけだから
これ以上悪くならないくらいの気持ちで気軽にね
ゲフッ
はい！
翌日
池麺食品

カタカタ
山根さん！
ヒョコ
ドキ
ジーン
何ですか？
ホームページの件だけど
あ　ああ…
はい…
藤崎くんのアイデアとはいえ
実作業は山根さんだからよろしくお願いします

わ　わかってます…
う…
どうせ私にはそのくらいしかできないいし…
そんな…
山根さんのスキルがあるからうちの会社のホームページもすごく立派だし
だって…
うちは総務が広報も兼ねてるから
山根さん…
私がやらされてるだけで…
立て続けに「どうせ」「だって」…これは…
ピキーン
この前ユウさんに教わった「防衛機制」…

心理学ファイル 21 防衛機制

心理的な安定を保つため、無意識に作用する自分の心を守る働きを「防衛機制」といいます。「どうせ～」などと自分を卑下するのも、うまくいかなかった場合に生じるマイナスの感情からあらかじめ自分を守ろうとする防衛機制のひとつです。心理学者のフロイトがイソップ童話のエピソードを引用した「酸っぱいブドウの例」が有名です。

●防衛機制のひとつ「合理化」

キツネはブドウを食べられない状況を、酸っぱいからいらないと口実をつけて心を落ち着けようとしています。

▶P198へGO!

え　ええ？
キ
急に何？
パソコンが得意だっていうのは山根さん新人研修の自己紹介でもいってたじゃない！
ハッ
!!
…日比野さんよくそんなこと覚えてたわね
ス
同期のなかでも男子含めて一番パソコンに強いのは山根さんだったもん…
ス
相手の動きを意識的に真似るミラーリング…
ホームページのデザインもチェックして※マークアップもできるのは山根さんだけだし…
ほんとスゴいよ山根さんは
えっ
腕や手を開いて開放的な姿勢をとるオープンポジション…
※マークアップ＝コンピュータに文字の大きさや色などの情報を意味づけて記述すること

そして
相手の目を見て…
それに 企画部でも
「いいデザインだ」って
評判よかったのよ?
ぐっ
どれも相手と
打ち解けるために
ユウさんが教えてくれた
コミュニケーション
のテクニック…
え…
そうなんだ…
うん
うん
そうよ!
だから今回の
ホームページの件も
ニコッ
頼りにしてます!!

…
わ…
わかった…！
そ
そうね…
まかせて
日比野さん
やった!!
これでいきなり
山根さんの感情が
変わるわけではないと
思うけど
少しずつ
いい方向に変われば…！
池麺食品

心理学ファイル
19

出る杭を打つ日本の社会

キーワード 母性原理

職場やサークルなど、所属する集団の数が多くなると、なかには意図しない形で足を引っ張られることもあります。

これは、集団に属する人々に働く**母性原理**という心理作用により起こりがちなケースです。

そもそも母性原理とは、個人の能力による序列を重視するのではなく、全員を**平等**に扱おうとすることです。

集団に属するメンバーが互いを守り、温かく包み込むように接する傾向が見られ、日本はその母性原理が働く社会だといわれます。

母性原理のよいところは平等であろうとすること。メンバー間で競争がなく平和といえます。ですが、一人だけ有利になるような言動をすると、「出る杭は打たれる」の言葉どおりに一人が突出しないようにする力が働いたりします。

母性原理の対となる**父性原理**はその逆で、メンバーを能力などで**分類**することを重視する、いわば**階級分け**が行われます。選別は競争社会に結びつきますが、能力の高い人は、その力をより発揮しやすくなります。

日本で長年にわたって年功序列が続いてきたのは、母性原理が強く働いてきたからです。そういっ

解説 父性原理は能力主義!?

① 何よりも成果を重視

父性原理の社会ではすべてをはっきりと区別する傾向があります。そのため所属する人は能力・成果によって順位をつけられます。その順位を上げるためには、成果を示さなくてはいけないので、激しい競争が起きるのです。

② 尊重されるべきは個

父性原理が働く集団には明確な順位が存在します。その順位を上げる競争に勝つためには、ほかの人と異なる能力や自分だけの武器が必要になります。そのため、父性原理では個性が重要視され、他者に打ち勝つ能力を持った個が尊重されるのです。

③ 幼いときから自立を促す

母性原理の強い日本では親子が「川の字」で寝るのは当たり前のこととされてきましたが、

た社会や環境では、**協調性**が育まれやすくなります。

しかし、そのような社会では甘えが横行しやすい側面もあります。あいまいな分担や事なかれ主義に陥りやすい欠点もあります。

その一方で、日本も格差社会などといわれるようになってから久しく、子どもを競争から遠ざけすぎることが批判されたりもしています。

過度な競争社会も生きにくいですが、必要以上に平等を重視しすぎるのも問題です。

いまの日本は母性主義と父性主義が混在する社会。協調性を求める昔ながらの職場や欧米式の実力主義の会社、両方のハイブリッドもあるので、自分に合った集団選びをするとよいでしょう。

欧米では小さい頃から個別の寝室が与えられます。これは欧米社会の父性原理の強さを示すものです。

④ 厳しさにはデメリットも

父性原理では、いいものはいい、ダメなものはダメとはっきり示します。しかし、場所を選ばず大勢の前でダメ出しをするなど、競争原理が優先され、配慮が足りずにモチベーションが低下する場合もあります。

母性原理と父性原理の違い

同じように評価を受けるときにも母性原理と父性原理の違いにより周囲の反応は異なってきます。

周囲の心理

母性原理の集団

- 1人だけ特別なことに不満や憤りを感じる。
- 突出した人のレベルを下げたいと望む。

父性原理の集団

- 特別扱いに見合う実績と思う場合は称賛し、負けないように実績を上げようと考える。
- 認められない場合、意義を唱える。自分が上だと認めてもらえるようにアピールする。

心理学ファイル 20

キーワード 好意の返報性

好きといわれると好きになる

4章で**返報性のルール**（➡P112）について説明しましたが、好意についても返報性のルールは当然働きます。人間の心は、相手から好意を受けると、自分も同じだけの好意を返すようにできているのです。これは**好意の返報性**と呼ばれ、苦手な人と打ち解けるのにも使えます。

相手からよほど嫌われていない限り、好意を寄せられれば**自尊感情**が高まるので悪い気はしないものです。このように自分に好意を寄せてくれる相手には、人は自然に好意を持ちます。

これは苦手な相手でも同じことがいえます。たとえば、おみやげのおすそ分けなどで相手に好意を伝えることができれば、相手に好意をもってもらえる可能性がかなり高くなります。

もちろん、好意といっても恋愛感情の「好き」である必要性はありません。感謝の気持ちや日頃のお礼なども好意にあたります。

好意の返報性をビジネスで応用している身近な例が、スーパーなどで行われている試食です。

人は無料で何かをもらったときにそれを無意識に相手からの好意と受け止めます。そのため、好意の返報性のルールが働き、「お返し

心理テク

好意の返報性の活用法

① あいさつは笑顔で

好意の返報性でもっとも簡単に行えるのが、笑顔であいさつをすること。コストがかかるお返しと違い、相手はあいさつをかえすだけなので、簡単に笑顔を返してくれるでしょう。とびきりの笑顔で相手にあいさつをしたなら、相手も自然と好意的になってくれるはずです。

② 困っていそうならまず声をかける

相手が困っているときに手助けをすると、返報性のルールで相手も「お返し」をしてくれます。もし手助けを申し出て断られたとしても、「助けようと思ってくれた」という好意は、相手に伝わります。あなたに対する好感度がアップするうえ、機会があればお返しをしてくれるので、まずは声をかけてみましょう。

として商品を買わなくては」という心理になり、スーパーへのお返しとして何かしらの商品を購入してしまうのです。

物を送る以外にも、相手と仲良くなるためには相手の話を聞くという方法もあります。

このときには、相手の話をよく聞いて肯定的な反応を心がけます。相手はその姿勢を好意的な態度と受け止めるため、好意の返報性のルールが働き、相手からも好意が返ってきます。

また、返報性のルールで相手の心にも「聞いてもらったぶん、話を聞かなくては」という心理が働きます。

そうやって会話の時間や機会が増えれば自然と親密度があがっていくはずです。

③ 相手の仕事をほめる

人は相手からほめられるとそれを「好意」と受け止めます。それは自分がやった仕事などでも同様です。苦手な相手の場合、いきなり人間性をほめるのは難しいですが、相手の仕事であれば、ほかより優れている点などを見つけやすく、ほめやすいでしょう。

4つある返報性のルール

返報性のルールには、好意、自己開示（➡ P112）のほかにも、憎悪、譲歩の返報性があります。苦手な相手との関係改善のためには、それぞれのルールを理解して適切な対応法をとる必要があります。

憎悪の返報性

「相手を嫌っていると相手からも嫌われる」というもの。嫌いという感情を表に出しているつもりはなくても、無意識にサインを出している（➡ P190）ため、無限にループしてしまいます。この負のループを断ち切るには自分の「嫌い」という感情を変えるしかありません。

ポイント

- 物理的に距離を置くことで、憎悪の感情を減らすことができる。
- 周囲から漏れ聞こえてきてしまう嫌いな相手の情報も、好意的に受け止めるよう心がける。

譲歩の返報性

「相手が譲歩したぶん、自分も譲歩しなくては」と思うというもの。Win-Winの関係で働くことが多い心理効果です。最初にこちらの希望を伝えた後、自分から譲歩することで相手は「譲歩してくれた」と好意的に受け止め、相手も譲歩を返してくれます。また、相手からこちらへの好感度も同時に上がります。

ポイント

- 相手が譲歩したという「結果」に対して生じる心理効果。
- 双方が譲歩することで対等の関係を築けるようになる。

心理学ファイル 21

嫌なことから無意識に逃避する

キーワード 防衛機制

人間は、無意識のうちにマイナスの感情から自分のことを守ろうとします。

欲求が満たされないことから来るストレスなど、不快な感情を避けて心理的な安定を保とうとするのです。このような心の働きは**防衛機制**と呼ばれます。

防衛機制で最も有名なのは、精神分析の祖ジークムント・フロイトが**合理化**の例としてイソップ童話から引用したエピソードの「酸っぱいブドウ」でしょう。

高いところにあるブドウに手が届かないキツネが「あのブドウは酸っぱいに違いない、食べるものか」と思い込もうとする話です。擬人化したキツネの心理はそのまま人間に当てはまるものです。

防衛機制はほかにもいろいろあります。失敗したときや問題が起きたときに自分を責めるのもそのひとつです。

自罰感情の強い人は自己評価が低いことが多いのですが、自分を責めることで周囲に迷惑をかけてしまった**罪悪感を軽減**しているのです。

また、専門用語をやたらと多用して単純な話を難しく語りたがるのは、自分に自信がない**コンプレックス**の裏返し。自分の感情

解説 防衛機制のパターン

① 合理化

都合の悪い現実に、自分の納得いくような理由を後づけして正当化すること。あのときは忙しかった、体調がよくなかった…など、あらゆることを理由に変換するのです。

② 抑圧

満たすことができないと思い込み、自分の本当の欲求を無意識のうちに抑え込むこと。しかし、心の奥底でいつもそのことがわだかまっているため、知らず知らずのうちにストレスになります。

③ 代償

満たされない欲求を、ほかのもので埋め合わせて満足しようとすること。たとえば、ネコが飼いたいのにペット禁止の部屋に住んでいるため金魚を飼うのもそのひとつです。

や欲求に向かい合って内面を磨く苦痛を無意識に避け、代わりに過剰なまでの知識や能力アピールで自分を守ろうとするのです。
　ほかにも、心の奥底ではモテたいと思っているのに、「自分は恋愛には興味がない」と趣味に**没頭**したり、自分に問題があることを指摘されても「あの人が私を嫌っているから」と思い込んで**責任転嫁**したり…。防衛機制は実にさまざまな形をとって表れます。
　あまり関係がよくない相手からこういった防衛機制の言葉が出てきたら、相手の不安を取り除くことを考えましょう。
　相手の話をよく聞いてあげる、ほめる、同調するなどの心理学テクニックを心がければ、好意的な態度に変わっていくでしょう。

④ **逃避**

責任転嫁をするなど、困難な現実を直視しようとせず、不快なことから無意識に逃げようとすること。登校時間になると決まってお腹が痛くなったり、叱られると眠くなるのが該当します。

嫌なことは体にも表れる

人間の防衛機制は、ときに体調などにも影響を与えます。嫌なことから逃避したい気持ちが強いと、「学校に行きたくない」という子どもが朝に熱を出すように、生体的反応（体調）に現れることがあるのです。このときの体調変化は嫌な出来事がなくなるとすぐに消えてしまいます。

お会計のとき

たとえば飲み会などで会計のときに限ってトイレに行きたいという人がいます。これはお金を払うことから逃れたい気持ちによって尿意が引き起こされるものです。

ココロポイント

匿名だと攻撃的になる

没個性化

スポーツの試合では、ひどいヤジを飛ばす観客がよくいます。観客が数人だったとしたらいえないような暴言も「個人を特定できないほどの大勢のなかにいれば追求されないだろう」と、考えてしまうためです。

このように、大勢のなかの一人として個人が特定できないような状況になると、人は本来持っている責任感や道徳心などが薄くなりがちです。

そして実際に自分の発言に対して具体的に責任を追及されない状況では、普段は**抑制している感情**が簡単に**表に出やすく**なります。この心理現象を**没個性化**といいます。これは近年のインターネットの世界がよい例です。いまや日々の生活に欠かせないものとなりましたが、便利な一方で、誹謗中《ひぼうちゅう》傷《しょう》や差別的な発言があふれています。

そのような書き込みで実名や顔をさらす人はほとんどおらず、多くの場合は誰が発言したのかはわかりません。ストレス発散で行う人もいます。「世界中から」「**匿名で発言できる環境**」のため、没個性化が起こりやすいのです。

特にハンドルネームなど互いに匿名性を保持したままやり取りする掲示板などの場合は、**後先を考えずに**感情に任せた暴言の応酬が多くなったりします。その最中は、自分の持つべき**規範**や責任などをほとんど考えられなくなり、**攻撃性**ばかりが外に噴出してしまうのです。

インターネットほどではなくても、社内のうわさ話も同じようなことが起こっています。広まれば広まるほど匿名性が高くなり、**話を盛ってもバレにくくなる**ため、尾ひれをつけやすいのです。

そんなうわさ話は「放っておく」「直接聞かれたら否定する」のが基本的な対応。時間が経って消えるのを待つのが得策です。出所がわかっている場合は、その人との関係を改善するというのも手です。

群集心理と没個性化

フランスの社会心理学者ル・ボンは、同じ目的をもつ大勢の人が集まると没個性化が起こり、目的ではなかった「暴動」や「無秩序状態」など原始的な行動が行われがちだとしています。

例 渋谷のスクランブル交差点

サッカー日本代表の試合後などにサポーターが集まり、ふだんはできないような「知らない人とハイタッチで喜びを分かちあう」という行為をしたいという人々が多く集まります。ひどいときは信号を無視して交差点人が留まり、交通マヒを起こすほどでした。

例 ハロウィーンイベント

仮装をして渋谷などに若者が集まります。大勢で仮装をすることで素顔を知られずに行動できるため、過激なコスチュームを着て参加するなど、羽目を外して楽しみたいという人も多くいます。

例 政治・思想デモ

政治・思想的な主張のためのデモも、人数が多く集まると没個性化が起こり、大声で政治家を名指しで非難したり、ヤジを飛ばしたりするなど、ここぞとばかりに不満をぶつける人がいます。

ジンバルドの電流実験

社会心理学者のジンバルドは、女子大生を使った実験により没個性化状態だと人は抑制力が弱まり、残虐な行為を行うことを明らかにしました。
実験方法は、ある女性に電流を流す役を依頼し、誰だかわからないように顔を隠した被験者と名札つきの被験者で比較。顔を隠している被験者は2倍も長く電流を流すという結果になりました。

没個性化で隠れた自分の顔が明らかになるとされています。

ココロ ポイント

うわさ話を信じてしまう

ウィンザー効果

会社でもインターネットの世界でも、多くの人が本当かどうかわからないうわさ話を聞いたことはあるでしょう。

根も葉もないうわさであっても「火のないところに煙は立たない」などと「どこか一部は本当なのではないか」と思うものです。このようなうわさ話をつい信じてしまう心理は、心理学の**ウィンザー効果**で説明できます。

うわさ話は、**第三者から聞いた話**であるというのが信じてしまうポイントです。本人や利害関係がある人の話だと、それほど信ぴょう性が高く感じないのですが、本人と関係がない人から聞くと、正しいと思ってしまうのです。

また、「多くの人が共有した情報＝正しい情報」と認識してしまう**バンドワゴン効果**もうわさが広まる原因のひとつです。

全員が「真実だ」としたわけでもないのに「多くの人が共有している」という事実があると正しい情報だと思ってしまう心理効果が働くのです。

ほかにも、人には一度信じてしまったことを「きっとそうに違いない」と思い込む**確証バイアス**や、一度決めたことを変えたくない**一貫性バイアス**が働くため、うわさ話を肯定的にとらえます。こうやってうわさ話は真実味を増していくのです。

心理学用語 Check!

間接強化

ウィンザー効果は、不特定多数のうわさ話だけに表れるわけではありません。ウィンザー効果（日本語で**間接強化**）はもともとは「○○さんがあなたのことをほめていたよ」などと**第三者が評価**を伝えることで、当人の心境に大きく影響することに由来しています。これはビジネスでも応用でき、職場などで後輩や部下を直接ほめることなく**モチベーションを高める**のに有効なテクニックとしても活用されています。

第8章

相手の怒りを収める

山根さんには
その後も
心を開いて
話しかけるように
意識しています
お疲れさま！
ちょっと休憩に
しない？
アンケートの
ページ見たよ～
さすが
山根さん！
ど…
どうも…
ちょっとずつ
仲良くなって
きているし…
悪いうわさもなくなって
きているようです
藤崎くんもかなり
頼もしくなってきました
これ
僕がやっときます！
ありがとう！
ちなみに
この件は…
あ
僕が出ます！
プルルルル

ガチャッ
お電話ありがとうございます
池麺食品でござ…
不良品じゃないか！どうしてくれるんだ!!
!?
オイ！聞いてるのか
?
も 申し訳ございません
あの 不良品とはどのような…
オドオド

老人が「キレる」理由のひとつに、孤立しやすい環境にあることがあげられます。

P228へGO!

クレームへの対応法にはいくつかのパターンがあります。 P230へGo!

はい
異動してきて
初めての経験です
僕も
1、2回しか…
そうか
ウチはそんなに
クレームが多くは
ないからな…
あらためて
部長にも報告して
対応の仕方を
聞いておいてくれ
はい
それで
どのように
対応すればよろしい
でしょうか？
…わかりました
任せます
え？
は？
え？
と特に
指示はないという
ことでしょうか？
トントン
ええ
二人で
対応してみて
ください
ヒクッ

ゴゴ
ゴゴゴ
部長…
そういわれても
オロオロ
どうすれば…
ブチン!!
若手の二人が困っているんです
何かアドバイスをいただけませんか!
グワッ
鮫島くんどうしたんですか?
どうしたんですか?じゃありません!
今はクレーム対応を間違うと会社の危機に直結することがあるんです!
オクラーメン味落ちたわ
もう買わないサヨナラ〜
嫌い
池麺食品はサイアクの企業だね
社員の対応クソすぎ不買運動しましょう
何か適切なアドバイスをしてくれても…!
ポン
ああそうでした

鮫島くんはクレーム対応が苦手でしたね
ピキィ
課長!
リラックスリラックス
ハッ
ヤバイ!
ふーーっ
…そのとおりです
そして…部長はクレーム対応の達人ですのでお願いします
え そうなんだ
…鮫島くんの心配事はわかりました
ハイ
確かに私も説明不足だったかもしれません
えっ
私が何もいわなかったのは特に問題のあるクレームとは思えなかったからです
そ そうでしょうか?

そのお客さまは単純にひどく怒っているだけで悪質なクレーマーなどではないでしょう
そういう場合はとにかく話を聞いてあげることです
話を聞いているといつの間にか怒りがおさまって
お詫びを受け入れてくれるようになります
…そんなものなのかな？
もちろん製造工程に問題があったか調査するのが大前提ですよ
はいっ！
福田さんはその日は来社されず
休日になったのでユウさんに相談しました
とにかくすごい剣幕だったみたいで…
なるほどそれは一大事だね
……
…というわけなんです
ST.Coffe
まあ
怒るのはわかるけど…
ズズ
商品の不良と決めつけて激怒するのは
帰属に偏りがあるのかな

心理学ファイル 22 帰属理論

因果関係があいまいな出来事の原因をどこに求めるか、その過程に関する理論を原因帰属といいます。心理学者ハイダーは、人の行動は内的要因か外的要因かに大きく帰属がわかれると提唱しました。

▶P222へGO!

心理学ファイル 23 ソーシャル・サポート

社会的な関係のなかで、周囲から与えられる物質的・心理的な支援のことです。人は常にストレスにさらされていますが、ソーシャル・サポートが充実していれば、間接的に低減されるとされています。核家族化が進行して隣近所の結びつきが希薄になり、高齢者が社会的に孤立しやすくなったことで「キレる老人」も増えたとされています。

▶P224へGO!

心理学ファイル 24 カタルシス（浄化作用）

精神科医フロイトは、人間の行動は性的な本能のエネルギー「リビドー」と破壊的な本能のエネルギー「タナトス」が源になっているとしました。そして、そのエネルギーが常に発散を求めているため、人間は本能的に攻撃性を持っていると提唱しました。

▶P226へGO!

じゃあ
クレームの
お客さまは…
どうすれば…
いいたいだけいう
ことでカタルシスに
導かれるという
ことだね
言い訳をしたり
説得しようなどとは
思わないのが肝心だよ
はい！
カチャ…
…あの
ユウさん…
ん？
どうかした？
これまで
いろいろと
アドバイスを
してくださって
ありがとう
ございます
モジ
モジ
うん
キョトン

先ほどの
ソーシャル・サポートの
お話を聞いて
私にとって
ユウさんとの関係が
とても大切なものなん
だなって思いました
もしよければ
今後も変わらぬ
関係をお願いします
ハッ
なんだか
告白みたいに
なっちゃった…
カァァ…
アハハ
もちろんだよ！
あ でもそろそろ
本業が忙しく
なりそうでね
え？
料理教室が
お休みになって
この時間の
スケジュールが
空いてたけど
今後はそうも
いかなく
なりそうなんだ
はあ

でも相談があればなるべく都合つけるから
気軽に連絡してねー
グッ
アハハ…
これ私が意識したところで
はぁ…
脈はなさそうだな…
翌月曜日——
ゴクリ
いらっしゃいました…
了解…
待合室
池麺食

ドンッ
かやく
粉末スープ
ネバネバ!オクラ〜ナ
コレを見ろ!
たしかに調味オイル入ってない…
どういうことだ‼
まことに申し訳ございません
こちらにお詫びの品をご用意いたしましたので…
あ あの
池麺食品
どういうことだといってるんだ!質問に答えろ‼
たっ
ただいま製造工程に問題があったか調査を…
カッ
ブンッ
なめてるのか‼
きゃっ…!
ハッ

!!
ザッ
ハッ
製品に不備があったことでの不快なお気持ちとてもよくわかります！
ただいま調査中ですので正式な回答は後日にさせていただきますが
せめてお詫びさせてください！
バッ
あっ
藤崎くん…
バッ
申し訳ございません!!
うっ…

……
フンッ
も もういいッ！
コ コレは もらって 行くからな！
バッ
ドス
ふんっ
ドス
はぁ～
ふう～
…藤崎くん 大丈夫？
さっきの…
あはは カップ麺ですよ？

ニコッ
あれぐらいで ケガなんか しません
そ そう… よかった…
ドキ
あれ?
ドキ ドキ
なんだろう… 私…
ドキドキ してる…
ドキ
ドキ
ほ 本当に?
これって…?
大丈夫 大丈夫!
ドキ
ドキ

心理学ファイル 22

失敗したのは誰のせい？

キーワード 帰属理論

人間は、起きてしまった出来事の原因を「自分」か「周り」のどちらかに決めがちです。この心理のことを**帰属理論**と呼びます。

帰属には原因が自分の内側（自分のせい）と考える**内的帰属**と、自分の外側（周りのせい）と考える**外的帰属**があります。どちらと考えるかによって、他人に対する行動は変わってきます。

たとえば電車で遅刻した場合に内的帰属タイプの人は「10分寝坊した自分」が原因と考え、外的帰属タイプの人は「遅延した電車」のせいと考えます。

寝坊と電車の遅延という二つの客観的事実のうち、原因を片側だけにしている点でどちらも認識に**偏り**があるといえます。

このように、一方だけが原因と決めつけることを**帰属のエラー**と心理学では呼びます。

内的帰属タイプの人の場合、次も寝坊しないように「夜更かしをしない」「目覚ましを10分早くセットする」など、自分自身で改善方法を考えたりします。

一方、外的帰属タイプ思考の人は「電車のせいだから」と特に行動を変更することはありません。

このように、遅刻の例ひとつで、その人のタイプがわかり、考え方

解説

帰属の仕方によるタイプの分類

アメリカの社会心理学者バーナード・ワイナーは、原因帰属の要因を内的・外的の二つに分け、さらにそれを固定的・変動的要因に分類して、人を四つのタイプに分類しました。

① 内的×固定的

出来事はすべて「自分（内的）」の「変えられない能力（固定的）」によるものと考えるタイプ。あるがままに受け入れますが、自分を変えようとはしません。

② 内的×変動的

成功も失敗も「自分（内的）」の「努力（変動的）」の結果と考えるタイプ。失敗したときはもっと頑張ろうと考えます。

の傾向を知ることができます。

職場の人間関係でも、部下や同僚がどちらのタイプなのかを知っておけば対応の仕方を使い分けることができます。

内的帰属タイプの人は不必要な責任まで背負い込んでしまうことが多いので、責任の範囲を整理してあげれば、ストレスや大きすぎるプレッシャーを軽減してあげることができます。

また、外的帰属タイプの場合は、原因がどこにあって何をすべきだったかを整理してあげることで、次に同じ失敗をしないで済むようになるでしょう。

帰属に偏りがある人には、そうやってタイプ別の対応をしていけば、相手もあなたを頼もしい味方と思ってくれるでしょう。

③ 外的×固定的

「自分（固定的）」の能力や努力ではなく、「課題の難易度（外的）」が原因と考えるタイプ。失敗は課題が難しすぎたと考えます。

④ 外的×変動的

出来事は「自分以外（外的）」の「タイミングや運（変動的）」次第と考えるタイプ。成功も失敗もすべてが偶然と考えます。

よくある光景に潜む帰属のエラー

上司に叱られる部下の姿。職場でもよく見かける光景でしょう。しかし、なかには上司・部下、または両者とも帰属のエラーに囚われている場合もあります。

上司側／決めつけ

「いつも間違えているから今回も」という決めつけも、外的な（相手に責任を求める）帰属のエラーのひとつです。

またお…
スミマセンでした!!
謝る前に話を聞け！

部下側／思い込み

「上司がいうなら正しい」「だから自分が悪いに違いない」という思い込みも内的な（自分に責任を求める）帰属のエラーといえます。

帰属が偏っている人が自分で改善するのは難しく、他人からの指摘やアドバイスが必要です。

心理学ファイル
23

安心感がストレスを軽減する

キーワード　ソーシャル・サポート

一人で残業していたり、同僚のサポートがないときは、ストレスを感じるでしょう。逆に、大変でも誰かの助けや励ましがあると、何とか乗り切れるものです。

このようなストレスを解消してくれる周囲からの直接的・間接的なサポートのことを**ソーシャル・サポート**といいます。

このソーシャル・サポートは、自治体からの補助金や物品を含めた**物質的なサポート**だけではありません。

たとえば仕事を手伝ってあげたり、「大変そうだね」と声をかけるのもそのひとつ。愚痴を聞いてあげて、ストレスやマイナス感情を軽減してあげることもソーシャル・サポートです。

仕事で成績を上げて周囲の人から認められていると感じることもそのひとつで、これを心理学では**評価的サポート**といいます。

現代はストレスが多い社会ですが、家族や友人・同僚など周囲からのこういったさまざまなソーシャル・サポートがあれば心のバランスをとることができます。

しかし、周囲との関わりが薄く、手助けしてくれる人が少ない場合もあります。最近では、核家族化が進み、仕事から離れた高齢者が

解説

さまざまな種類のサポート

① 情緒的サポート

周囲からの愛情や信頼を感じられることが、心理的なサポートになります。家族やパートナーからの愛情はもちろん、職場の上司や同僚からの「励まし」や「応援」なども、ストレスを軽減するのに大きく役立っているのです。

② 道具的サポート

物を与えるなどの物理的なサポートのことを意味します。「誰かが仕事を手伝ってくれる」「友達が代わりにやってくれる」などのサポートもこれに当たります。

③ 情報的サポート

問題を解決するために必要な情報を与える間接的なサポートのこと。同僚や友人・上司などが相談相手として与えてくれる、対処法などの情報などがこれに当たります。

ソーシャル・サポートを受けられていない傾向が見られます。
ストレスが解消されないそんな状態だと、周囲へ**敵意**を向けたり、被害妄想を抱くなど**認知**が歪んでしまいがちです。
その結果、クレーマー的な言動をしてますます周囲から人がいなくなり、心身ともに不健康な状態に陥ってしまいます。そうならないためにも、人間にはソーシャル・サポートが不可欠なのです。
所属する準拠集団(⬇P282)が多いほどソーシャル・サポートを受ける機会は増えます。孤独を感じるときは、遠ざかっている友人・家族に電話をしたり、サークルに入ったり、人とのつながりを増やすことでソーシャル・サポートを受けやすくなります。

④ 評価的サポート

仕事や日常生活などで、その人の考えや行動などを周囲に肯定的に評価してもらうことも立派なサポートのひとつ。肯定的な評価は自尊感情をアップさせるため、前向きに物事に対処できるようになります。

集団で危機状態を予防

心理的平穏が極端に損なわれている状況を「危機状態」といいます。人は危機状態では、以下のような症状が起こるとされています。

感情分野
恐怖／不安／悲しみ／怒り／無感動／無力感／自責感／不信感

認知分野
記憶力低下／集中力減少／思考力の減退／判断力の低下

身体分野
動機／過呼吸／筋肉の緊張（肩こりなど）／頭痛／不眠／食欲不振

行動分野
嗜好品（飲酒・喫煙）の増加／活動の低下・過活動／過度の依存／援助の拒絶

予防策として最適なのはソーシャル・サポートです。危機理論の創始者キャプランによると「危機状態」にメンバーがならないように、以下のように帰属集団がサポートするべきとしています。

一次予防（発生予防）
帰属集団のメンバーが危機状態に陥らないように互いにコミュニケーションをとり、発生率を減らす。

二次予防（重篤化予防）
問題が発生したメンバーの症状が深刻化する前に介入（サポートを開始）し、問題を最小限に抑える。

三次予防（再発予防）
問題から脱したメンバーが再度危機状態にならないようにリハビリテーションに努める。

心理学ファイル 24

イライラを解消するコツ

キーワード カタルシス（浄化作用）

誰でも疲れていたり、仕事がうまく進まないときはストレスでほかの人にあたってしまうものです。

このように人が**イライラする理由**を、精神分析学の創始者ジークムント・フロイトは人間の本能的な「性」「暴力」の衝動である**リビドー**と、破壊的な本能のエネルギーである**サナトス**（タナトス）が根本的な原因と提唱しました。

フロイトによるとこのサナトスは**自己破壊の衝動**でもあるため、人は無意識に自分を傷つけないようにそのエネルギーを外へ向けるため、人間は**本能的に攻撃欲求を持つ**というのです。

そのため攻撃欲求をいろいろな行動で人間は発散するとしています。その**浄化行動**のことを心理学では**カタルシス**と呼びます。

たとえばゲームやスポーツをやったり、自分で闘う代わりに格闘技を観戦したり、格闘マンガなどを読んだりするのも直接的に攻撃性を解消する例です。ほかにも感動して涙を流したり運動をすることでスッキリするというのも、カタルシスとなります。

間接的な方法を含めいろいろな形でカタルシスを得ることで、人間の攻撃欲求は浄化され、ストレ

心理テク

場面別！ 適度なガス抜きのコツ

仕事

愚痴は飲みの席で

仕事が思い通りに進まずにイライラすると、つい文句をいいたくなるものです。しかし、仕事中に愚痴をこぼすと自分自身でモチベーションを下げてしまいます（➡P169）。「仕事の愚痴は飲み会で」などと違う場所で発散する、と決めたほうが気持ちの整理ができ、結果として仕事が早く進むものです。

家庭

溜め込まずにこまめに発散

相手に非がある場合は抱え込んで屈辱的同調（➡P28）に甘んじることなく、怒りを表すべきです。相手の反論から何を考えているのかを知ることもでき、関係も深まります。あれもこれもと一度に不満を吐き出すと相手も反論してますますストレスが溜まる原因になります。

スが解消されて心のバランスがとれます。
　健全にカタルシスを得る人がいる一方で、**暴言**を投げかけたり、陰で**悪口**を広めたり、匿名で**ネットに書き込む**など、他人を傷つける方法でカタルシスを得る人もいます。
　こういった悪質な方法はストレートに攻撃欲求が満たされるため、一時的に大きなカタルシスを得られます。しかし、何度も繰り返す**部分強化**（➡P174）となりがちで、攻撃性はどんどん増すばかり。結果、ストレスから解放されることはないのです。
　職場でイライラしている人と接するときはストレス解消法を聞いて、正しい解消のやり方を教えてあげるのがよいでしょう。

家庭

いいたいことは伝える

カタルシスが得られるといっても、夫婦喧嘩で高圧的だったり威圧的だったりすると、遺恨が残ってしまいます。相手を傷つけたり貶めたりするようないい方はせず、しっかりと主張を述べあうと、お互いによいガス抜きになります。

身近なカタルシス

右で紹介した直接的な方法以外にも、以下のようなカタルシスを得る方法があります。

お酒を飲む

アルコールは血流をよくして硬くなった筋肉の緊張をゆるめる働きがあります。また、仲間や同僚と楽しく会話をすることでストレスが発散できます。

カラオケをする

日常生活では出さないような大きな声を出すことで開放感を味わうことができ、抑圧された感情が浄化されるカタルシスを得ることができます。

動物をかわいがる

アニマルセラピーのようにネコカフェや動物園でのふれあいなど、小さくてかわいらしいものに接することで、不安感をやわらげてくれる働きがあるオキトシンというホルモンが分泌され、ストレスが軽減します。

お笑い番組を見る

思いっきり笑うことで、脳をリラックスさせるα波が増加し、脳内でエンドルフィンが分泌されて、幸福感を味わうことができます。

上記はストレス解消が目的ではなく、それ自体が目的の人もいますが、イライラを鎮める効果があることは間違いありません。

ココロ ポイント

現代社会で孤立を深める人々

孤独の弊害

人は成長するにつれて活動範囲や交友関係が広がっていきます。

子どものときは家族や周辺だけだった**人間関係**も、進学して友だちができたり、就職して仕事で同僚ができたりするなど、成長するにつれてたくさんのつながりができ、そのなかで自我や社会性が育っていきます。

しかし、大人になるまでにつながりを多くつくれなかったり、たとえば就職で地元を離れて家族や友人と疎遠になったりすると、**孤独**を感じることもあるでしょう。

人は本能的に**認知欲求**を持つ社会的な生き物のため、孤独は大きなストレスとなり精神的な負担を与えます。するとイライラして攻撃性が高まり、社会生活に支障が出ること（⬇P140）もあります。キレる老人や若者などは、家族とのつながりが薄く、社会的に孤立した状態の人が多いのではないかと考えられています。

しかし、大人になってから新しい友人をつくるのを面倒に思ったり、「失敗したらどうしよう」と考えて、新たな関係づくりを避けようとする人もいます。**SNS**やネットだけでつながる関係が多くなったのは、そういった心情からでしょう。

インターネットの世界は匿名性が高いため、嫌になればすぐに関係を断ち切れるという手軽さと安心感があります。しかし、その反面、深い信頼関係を築こうとすると注意が必要です。たとえば、気に入られようと過剰に**自己呈示**（⬇P110）して後に引けなくなったり、**屈辱的同調**（⬇P28）に陥ったり、かえってストレスになることがあります。孤独を恐れるあまり、自尊感情が低くなる**ネット依存**にならないように気をつけましょう。

そうならないためにも、たとえば同僚と関係を深めて友人になったり、社会人サークルに入って仲間をつくるなど新しい関係づくりが大切です。

孤独を恐れてSNSに集まる人たち

話を「盛ってしまう」理由

SNSで話を少し大げさに「盛って」投稿するのはよくあることですが、これも自己呈示の例（→P110）。また、ハンドルネームなど匿名性が高い場合は本音をつづる自己開示（→P112へ）もあります。他者に認めてほしいという承認欲求（→P116）からくる行動です。

「いいね！」を押すのは…

SNSで「いいね！」をつけるのは同調行動（→P28・88）の一種です。これは、「そう思っていないのにみんなが押しているから」という屈辱的同調、相手の好意を得るための「ミラーリング」、周囲と同じという安心感を得る防衛機制など、さまざまなパターンがあります。

やめられない理由とは

一度たくさん「いいね！」がもらえると、「同じようにほめてほしいと思って投稿をし続ける、ということがあります。これは部分強化という心理現象です（→P174）。一方、「必ず読んでコメントをくれる」という読者のためにブログを更新する、というのは連続強化になります。

裏の人間性が出る

一部を除き基本的にハンドルネームを使うSNSでは、個人が特定できないことで暴言を吐いたり、ふだんとは違って強気になる人がいます（→P200）。その代表的な例が「炎上」ですが、その機に乗じて攻撃性を発揮し、カタルシス（→P226）を得ようとする人もいます。

孤独であることのデメリット

孤独であったり、孤独を感じたりすることは心身に悪影響を与えるということが、さまざまな研究で明らかになっています。

死亡率が上がる

ブリガムヤング大学での研究では、社会的な孤独を感じる場合には死亡率が上がり、一人暮らしだと32%も寿命が短くなることが判明しました。

睡眠の質が下がる

デューク大学の研究では、孤独を感じている人は、睡眠時間の長さや入眠時間などの「眠りの質」が悪いことが判明。さらに、本人もそう強く感じていました。

さらに孤独になる

孤独を感じると、人との関係性を求めるが拒絶を恐れて逃げる「サバイバルモード」にはまって抜け出せなくなってしまい、結果ますます孤独感を募らせます。

ココロポイント

クレーマーの心情を理解する

現場に求められるクレーム対応スキル

クレーム対応で大切なのは、相手の訴えの本質を見極めることです。カウンセリングでも使われる心理学的な観点を理解すれば、相手の勢いに圧倒されずに対応することができます。

たとえば商品に対するクレームの場合、「期待を裏切られた」という思いが強いことが多くあります。「○○と聞いていたのに」「○○ができると思っていたのに」など、その商品を楽しみにしていたぶん、失望と怒りが心を満たしてしまうのです。

そんな相手には**ミラーリング**（⬇P88）などの同調行動をとることで「話を聞く姿勢」を伝え、言葉をさえぎらずにあいづちを打つことで「同意・同調の姿勢」を見せるといいでしょう。「謝罪する」ことで相手の**カタルシス**（⬇P226）を満足させるのも有効です。

なお、クレームだからと全面的に謝るだけでは相手の気持ちを鎮静化させることはできません。代替品を渡すというのも効果はありません。相手が求めているのは共感と理解です。まずは相手の話をよく聞き、相手への同調や謝罪を行いましょう。

そのうえで、解決策を提示することで、あなたへの信頼感が芽生え、怒りも収まって話を聞いてくれるようになるでしょう。

心理学用語 Check!

敵意帰属バイアス

他人の言動を悪意に基づくものだと思い込みがちな人がいます。これは認知の歪みのひとつで、**敵意帰属バイアス**（➡ P32）と呼ばれます。このような人は攻撃的になりやすい傾向があり、人ごみで誰かと肩がぶつかっても「わざとだ」と思い込んでトラブルに発展することが多いのです。そんな相手とのトラブルの際には、相手が冷静さを取り戻せるように敵意がないことを穏やかに示しましょう。

第9章

恋人との関係を築く

※配偶者を亡くして一人で生活すること

ポロ
なんてことを…
私としたことが…
まったく
よく確認もせず
面目ない…
これはあのときの
お詫びです
いえいえ
そんな
頭を上げて
ください
それに
しても
おとといの…
アンタの
毅然とした態度は
立派なもんだった！
いえ
そんな…
聞けばもともと
「ネバネバ！
オクラーメン」の
大ファンだそうです
本当に
すまなかった！
ギュッ
は、はぁ
池麺食品
これからも一層
応援しますぞ！

はーー
よかったぁ…
一件落着とともに
ほぉ
やるじゃないの！
このこのー
いや　正直見直したぞ藤崎
藤崎くんの株も上がったりして…
あ、ありがとうございます
…

ハッ
カー
あれから私ちょっと変です
バッ
こんなにいきなりストンと好きになっちゃうもの？
彼年下だし…
ちょっと前までユウさんのこといいな なんて思ってたのに
ちょっと節操なさすぎじゃない!?
のぞみ脳内会議
う〜ん…
確かにもともとかわいいとは思っていたし
最近はどんどん見直してきたけど…
ゴトンゴトン

ドキ
ドキ
でも気がつくと
藤崎くんのことを
考えちゃってる…
ゴロン
いやでも私は
年上の頼れる人が
好きだし…
頼れる――
ドキッ
これはもう
認めねば
なりますまい…
ムクリ

私…
藤崎くんを好きになっちゃったみたい…！
はっ
?
ニコッ
うーん…
グリグリ
こんなときにユウさんに頼ろうとするなんて…
でも
頼るのはいましかできないし
今度相談してみよう！
忙しくなるっていってたし
私思っていたより打算的な女みたいです…

退院した花形先生を囲んで
生徒のみんなで退院祝いを開きました
皆さん ご心配かけて ごめんなさい！
教室の再開はまだ もう少し先だけど
再開したらまた いっしょに健康にいい チーズ料理を作って いきましょう！
パチ パチ
パチ パチ
パチ パチ
先生 これ みんなからの お祝いです
パチ
パチ
あら ありがとう！ うれしいわ！
花形先生 退院されて よかったです…
本当にね！ 持病とはいえ 大事に 至らなかったのは 幸いだよ
パチ
パチ

ところでユウさん…
ん？
このあとちょっといいですか…？
この近くならいいところあるよ
プファ〜
ほうほうこれまた急展開だね
ともあれ
うん
人を好きになるのは素晴らしいことだよ！
そうですかね〜
えへへ
ドバドバ
あふれてるあふれてる
でもそれまでの私は藤崎くんみたいな人は全然タイプじゃなかったんです
もっと男らしい人が…
そうなの？
はいだから自分の感情が信じられないというか…

心理学ファイル 25 つり橋効果（錯誤帰属）

社会心理学者のドナルド・ダットンとアーサー・アロンは、感情が発生する経路は一つではなく、「恋をしたからドキドキする」以外にも「ドキドキしたから恋だと解釈する」といった経路もありうると提唱し、「恋のつり橋実験」を行いました。

▶P250へGO!

じゃあ　片思いの相手とお化け屋敷に行ったら簡単に結ばれるんじゃ…
ドキ
ドキ
おばけやしき
ガタッ
おっと
つり橋効果は相手が自分のことを魅力的な異性だと思っていない場合
むしろ逆効果という実験結果も出ているから注意してね
それじゃ意識して使うのは難しいですね…
なーんだ
カタ
そうだね
今回はクレーム対応の緊張や不安などのドキドキを
藤崎くんへの気持ちが原因だと心が結論づけちゃった…ってところかな
そういうことか～
まぁ
あくまで心理学で説明しようとすればだけどね
心理学に当てはめるならもうひとつ
認知的不協和理論も思いつくね
また認知のナントカっていうのですか…？
あはは
そう認知のナントカね

心理学ファイル 26 認知的不協和理論

自分の考えていることと、実際の行動や世間の常識との間に矛盾がある場合、心理的に不安定な状態になります。心理学者フェスティンガーはこれを「認知的不協和」と名づけ、人は事象が生じた場合、自分の行動にあわせて考えを変化させることで矛盾を解消しようとするとしました。

▶P252へGO!

私の気持ち…
…はわりとハッキリしているんです
藤崎くんは優しいし責任感の強いところもあるし
最近は仕事でも頼もしくなってきて
顔も嫌いじゃない…
もう恋をしてしまったのは認めているんです
ただ
こういう恋の入り方初めてで…
ぱあっ
入口はともかくその恋心は本物だよ
日比野さんにとってとても大切な感情だから大事にしてほしいな
うん
はい…ありがとうございます！

相手が自分に好意があるかは、態度からわかることもあります P258へGo!

恋愛は人それぞれだから一概にはいえないけど
大丈夫！
えっ
そうですか？
ただいきなり結婚を意識させるのは
お見合いでもないかぎり適切じゃないかもね
あ……
ズルッ
結婚年齢
バタ〜ン
や　やっぱり…
有名なSVR理論
っていうのがあるんだけどね
SVR理論？

恋愛において結婚に至るまでの関係は三つのステップで深まっていくとされているんだ

心理学ファイル 27 SVR理論

心理学者マースタインによると、恋愛関係が深まって行くとともに、「刺激」「価値」「役割」の三要素のバランスが移り変わって行くとされています

S(Stimulus／刺激)段階	V(Value／価値)段階	R(Role／役割)段階
つき合い始める前後。容姿などの目に見える「刺激」が重視される。	つき合いが深まる考え方や趣味など「価値観」の共有が重視される。	結婚を意識した関係。お互いを補い合う「役割」が重視される。

カワイイ
コレも面白いよ
コレ好きなの
アクション
ホラー
恋愛

▶P254へGO!

なるほど
う〜ん…
そういわれてみれば…
いままでの人とは価値観を合わせる「V段階」止まりで
役割なんか考えたことなかったかも…
彼とならきっと…

V段階のように、交際において価値感の一致を重視する考え方をバランス理論といいます。

P256へGO!

コト…
わかりました
いまはまだ結婚を意識せず
ぐっ
まずは彼に私の気持ちを伝えようと思います
そうだね応援してるよ
ふふっ
あはは
ありがとうございます!
よし…!

これで気合いを…
ぐいっと!!
わー
一気は
ダメだってば!!
私は
なんで止めるんですか!
ちょっと酔ってる？
自分の気持ちに正直に行動しようと思いました
ラム肉のくし焼きです
お待たせしました
わー
おー

自分を押し殺して生きるなんてつまらない
んーー
おいしーー！
あはは
ほんの少しの知識と勇気があれば状況はきっと変えられる…
それが心理学を通して私が学んだことだから…！
あははは

心理学ファイル 25

そのドキドキは恋のときめき？

キーワード つり橋効果（錯誤帰属）

物事の原因を結論づける心の働きである**帰属**（➡Ｐ２２２）には、**錯覚**が生じることがあります。いわゆる勘違いや思い込みのことですが、心理学ではこれを**錯誤帰属**と呼びます。

この錯誤帰属でよく知られるのが**「つり橋効果」**です。不安や興奮などで心拍数が上がってドキドキしているときに異性が近くにいると、そのドキドキを**恋愛のドキドキと誤認**し、「自分はこの人を好きなんだ」と思い込んでしまう心理のことです。これはカナダの社会心理学者ドナルド・ダットンとアーサー・アロンにより提唱されました。

この実験では、不安定で**不安**を覚えるつり橋と頑丈な木の橋の両方を男性に渡らせ、その先で待つ若い女性のアンケート調査に協力してもらいました。

渡り終えた男性には「この実験について、興味があればここに連絡してください」と女性から電話番号を渡します。すると、つり橋を渡った男性のほうが圧倒的に多く電話をかけてきたのです。

この実験で不安定なつり橋でドキドキした男性が、それを調査員の女性への**恋愛感情**と誤認して連絡したということが明らかにな

解説

恋愛に働く心理的作用とは

① 壁ドンも錯誤帰属!?

マンガやドラマで人気となった憧れのシチュエーションの「壁ドン」も、実は錯誤帰属の一種。突然異性の顔が近くに来た驚きと、腕で逃げ場を塞がれたという不安感によるドキドキで錯誤帰属が引き起こされ、恋のドキドキと勘違いしてしまうのです。

② 確証バイアスが勘違いを本物に？

確証バイアスとは、一度認知したこと（先入観）を強めたり、自分の都合のよいように考えてしまう心理のこと。つり橋効果の錯誤帰属で恋に落ちたと気づいても「周りにはほかにも人がいたのに、その人を好きになった」など、自分の信じたいことを肯定する情報を集めて無理やり結論づけたりするのです。

りました。

このように、錯誤帰属は完全なる勘違いですが、そこから実際に恋愛に発展するケースが多くあります。

この錯誤帰属は、不安や刺激的な体験のドキドキのときだけに限ったものではありません。運動などで**心拍数**が上がっているときにも起きやすくなるのです。トレーニングジムでトレーナーにときめいたりするのもその一種といえるでしょう。

このように、ドキドキしたときに感じたときめきは本当の恋ではなく、錯誤帰属の場合があるので注意が必要。「こんなはずではなかった」と後悔しないように、一度落ち着いてから判断するようにしたほうがよいでしょう。

③ 行為者バイアスで判断を誤る

人は他人の間違いなどを「不注意だ」と責める一方で、自分が同じことをしたときには「仕方がなかった」と都合よく考えがちです。このように自分のことだと判断が変わることを行為者・観察者バイアスといいます。人の恋愛は冷静に判断できても自分の勘違いを判断できなくなるのは、このバイアスの働きによるものです。

つり橋効果の弱点

心拍数が上がってドキドキした状態を相手への恋心と思うつり橋効果は帰属のエラーの一種。しかし、条件によってはプラスに働くとは限りません。

評価が低い場合

効果を発揮したい相手からの評価が低い場合は、ドキドキした理由をあなた以外と考えるため、つり橋効果は発生しません。

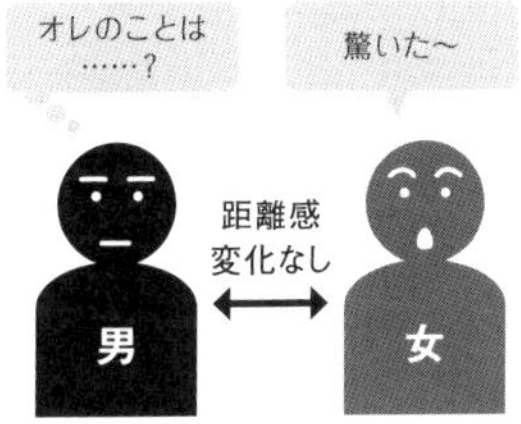

信頼感がない場合

相手から信頼されていない場合は、ドキドキしたことが「嫌なこと」という認識となり、その原因を作ったあなたに怒りを覚えます。プラスに働くどころか、評価はさらに下がってしまいます。

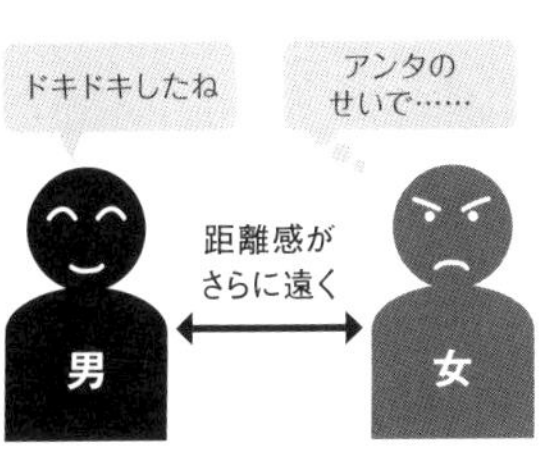

心理学ファイル 26

キーワード 認知的不協和理論

手助けをするとその人を好きになる？

防衛機制（➡P198）の項目でもふれたように、人間の心は無意識のうちにストレスをやわらげようとする働きを備えています。これは自分の行動が、自分の本当の気持ちや考えと違うときにも働きます。

たとえば、酒の飲みすぎや喫煙は健康によくないと誰もがわかっていることとです。しかし、それでも酒を大量に飲んだり、タバコを吸ったりする人はたくさんいます。アメリカの心理学者レオン・フェスティンガーは、この心と行動の**矛盾**を**認知的不協和**と名づけ、人間にはそれを解消しようとする心の働きがあると、**認知的不協和理論**で提唱しました。これは、矛盾の**落としどころ**を見つけようとする心の働きのこと。「酒は百薬の長だから」「タバコはストレス解消になる」といった自分自身への**言い訳**がそうです。

認知的不協和は自分自身だけでなく対人関係でも働くため、恋愛テクニックとしても利用できます。たとえば「意中の相手に**頼み事**をする」という作戦です。

相手は頼まれた事を引き受けてしまうと「好きでもない人のために自分の労力を使った」という矛盾を抱えます。相手にはその矛盾

解説 日常の言動にひそむ認知的不協和

①「何よりもあなたが好き」

ハムレットの戯曲『ロミオとジュリエット』のように、恋愛は障害が多いほど盛り上がることがあります。両親の反対など、自分の気持ちを否定されると認知的不協和が発生し、その解消のために「それを超えるほど相手のことが好き」思い込んでしまうのです。

②「いじめられるほうが悪い」

いじめの問題で、いじめる側が「いじめられるほうに原因がある」という考え方をするのは帰属のエラー（➡P222）の一種です。これは「いじめは悪いことだとわかっているのに、それでもいじめてしまう」という認知的不協和を解消するために「相手が○○だからだ」と無意識にこじつけている状態なのです。

を解消するために「自分はあの人のことが好きだから助けてあげたんだ」と、**後づけ**で自分を**納得**させる心理が働くのです。この方法は回数を増やすことで効果を強めるので、断りにくいちょっとした頼み事を繰り返すのもひとつの手でしょう。

人は認知的不協和を解消するためなら、無意識に自分の気持ちまで変えてしまうという点を突いた高度なテクニックです。

もちろん、異性との恋愛だけでなく、友人や職場の同僚との**親密度**をアップさせるときにも有効です。ただし、あまり頻度が多すぎたり、お返しが足りていないと相手が頼み事を引き受けてくれなくなる場合もあるので、使用頻度には注意しましょう。

③ 「この人には私がいなきゃ」

だらしがない男、いわゆる〝ダメンズ〟に女性が尽くすのは、「自分はダメな男と釣り合うほどダメな女である」という自己否定を避けたいため。認知的不協和の心理が働いているため。「だらしがない男のために労力をかけるのは、相手をそれだけ好きだから」と考えて自分を納得させているのです。

モヤモヤを正当化するさまざまなバイアス

「なんでこんな人とつき合っているのだろう」と自分でもわかっているのに、ズルズルと関係を続けてしまうことがあります。これは自分の中に考えを偏らせるバイアスがあることが原因です。

一貫性バイアス

他人を見た時に、その人の行動や考えに一貫性があって不変だと思ってしまう心理。もしその人が悪い方向に変わってしまったとしても、「昔はいい人だったし」と考えて、いまもどこかで変わっていないはずと思ってしまいます。

正常性バイアス

なんらかの異常事態が起きたときに「自分は大丈夫だ」と思ってしまう心理。「これは正常の範囲内」と自分にいい聞かせることで、心の平穏を保とうとします。ダメな人間関係についても、自分は大丈夫と思い込むことで、切ることができなくなります。

心理学ファイル 27

キーワード SVR理論

愛が深まる三つの段階

恋愛関係では二人の関係が深まるにつれて、相手に求めるものが、**刺激**（Stimulus）・**価値**（Value）・**役割**（Role）の順に変遷していくとされています。これはアメリカの社会心理学者バーナード・マースタインが**SVR理論**として提唱しました。

相手と出会ってから交際を始めるまでに重要なのは、刺激＝**目に見えやすい魅力**です。容姿の美しさや高身長、ファッションセンスなどのほか、社会的な地位や面白い会話などです。

交際後しばらくの間は、価値＝**お互いが共有できる価値観**が重要になります。これは、共通の趣味や、生活や人生に対する考え方がどれくらい一致しているかです。その価値観が合っていれば、関係はより深まっていきます。

そしてお互いが結婚を意識するようになると、役割＝お互いが**補い合える存在**かが重要になります。これから先の人生をともにしていくと考えたとき、それぞれが役割を果たしながら支え合っていけるかがポイントとなってくるのです。

この三要素は完全に移り変わるものではなく、ある程度は同時に存在していて、段階を踏んでいく

解説

愛の三角理論

SVR理論とは別に、アメリカの心理学者ロバート・スターンバーグは愛情は三つの要素から成り立つという理論を提唱しました。

① 親密

三つのうちのひとつは親密（愛着などの情緒的な結びつき）であるとスターンバングはしています。これは長年のつき合いである夫婦などにみられることが多いものです。

② 情熱

もうひとつは情熱（性的な面も含めた、お互いの感情的な盛り上がり）です。これはSVR理論でいう刺激に相当する部分で、いわゆる恋愛のドキドキはここに分類されます。

③ 責任

コミットメントとも呼ばれます。これはお互いに対して責任を持って、ずっといっしょに

たびにバランスが変化していくものです。

最初に相手にひかれるのは、魅力など刺激的な要素が多いでしょう。しかし、美人なだけ、話が面白いだけではその後一生添い遂げられる相手とは限りません。恋愛と結婚では求められるものが違ってくるのです。

現代社会では男女ともにある程度の経済力がなければ結婚生活は成り立ちません。また、家事を分担できない人は、家庭での役割の多くを相手に負担させることになります。生涯のパートナーとしては、ふさわしいとはいえないでしょう。

恋愛相手と、幸せな結婚生活を送れる相手では条件が違うといえるのです。

いようとする意志のことをいいます。SVR理論での役割に近い部分といえるでしょう。

●三つのバランスが大事

愛の三角理論では、三つの要素の強弱の度合いの組み合わせから、愛情を八つの形態に分類しています。たとえば長くつき合って最初の頃のような情熱が薄れていても、お互いの親密さと責任感が保たれていれば、二人の関係は安定した深いものであるといえます。

恋愛の6タイプ分類

カナダの心理学者ジョン・アラン・リーは、恋愛を６つのタイプに分けられるとしました。タイプが同じであったり、数字が近い者同士の恋愛は成就しやすく、遠くなるほど難しいといわれます。

① ルダス（遊愛）型

相手に執着せず、自由奔放にゲーム感覚で恋愛を楽しむタイプ。一人の相手に固執せず、複数の相手との関係を楽しむこともある。

② プラグマ（利愛）型

ロマンスや感情は二の次で、現実的に恋愛をとらえるタイプ。相手の地位や経済状態などを、自分の目的に見合った条件を重要視する。

③ ストルゲ（友愛）型

友情から恋愛に発展するタイプ。まずは友人としてつき合いが始まり、穏やかに関係性が発展していく。別れても友人として交流が続くことが多い。

④ アガペ（神愛）型

相手のためならば自分はどうなっても構わない、という献身的なタイプ。自分が相手から愛されていなくても構わない、という非常に自己犠牲的な面を持つ。

⑤ エロス（美愛）型

愛という感情にある種のロマンを見出すタイプ。相手に容姿にこだわりが強い場合が多く、一目ぼれをする。ロマンティックな考えや行動を取りがち。

⑥ マニア（狂愛）型

情熱的で嫉妬深く、相手を独占したいタイプ。哀しみや嫉妬、固執など激しい感情が伴うことが多く、相手から自分への愛を確かめたがる。

ココロ ポイント

人間関係はバランスが大事

バランス理論

心と行動の矛盾を嫌い、無意識のうちにバランスを保とうとする**認知的不協和理論**（⬇P252）。これが人間関係にも適用できると**帰属理論**（⬇P222）の提唱者フリッツ・ハイダーは提唱しました。人間は対人関係でも心のバランスを取ろうとする心理が働くというもので、これを**バランス理論**といいます。

わかりやすいのが、つき合い始めのカップルの例です。**SVR理論**（⬇P254）で趣味や嗜好が共通すると**安定**した関係になることは説明しましたが、実際はぴったり合うということはありません。そんなとき、関係を安定させるために**自分を変える**ことでバランスを取ろうとするのです。

たとえば、二人とも同じジャンルの音楽が好き、もしくは嫌いな場合は**共感**ができるため関係は安定します。

しかし、相手が好きなジャンルを自分が嫌っている場合はバランスがとれず、居心地が悪く感じます。このようなとき、人間はどうにかしてバランスをとろうとします。

その方法として、たとえば「相手が好きな音楽を積極的に聴く」などの選択を無意識に行うのです。「好きな相手に影響されて音楽の趣味が変わる」というのは、この心理が働いた結果といえます。

しかし、気をつけたいのは自分だけが相手に合わせていると無意識にストレスが蓄積してしまうことです。相手からの**返報性**（⬇P112）が働かないことにいらだち、「何で私ばっかり合わせなきゃいけないの!?」と感情が爆発して、破局を迎えてしまうこともあります。

自分の好みを変えてでも大切にしたいと思う関係であれば、相手にも自分が好きなものを受け入れてもらいましょう。互いに無理をせずに価値観を合わせていけるのが理想的です。

人の心はバランスを求める!?

人間の心は常にバランスがとれるように、自分と同じものが好きな相手を求めていると多くの説で証明されています。

意見が合う人を好きになる類似性効果

アメリカの心理学者エリック・バーンは、人間の心は常に同じものが好きな相手を求めているという「類似性効果」を提唱し、テキサス大学の学生に行った実験で次のことを明らかにしました。

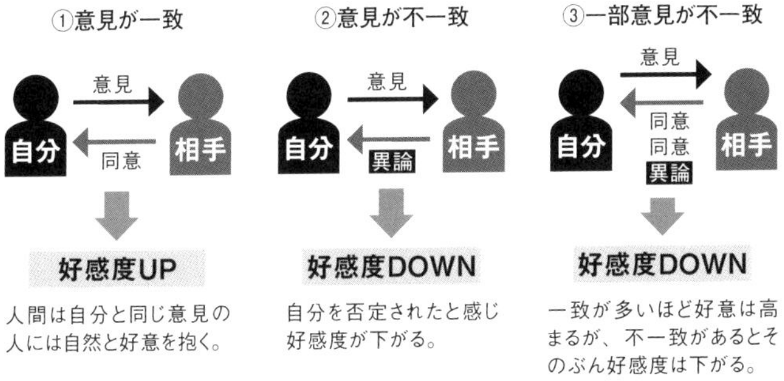

①意見が一致
意見
自分
同意
相手
好感度UP
人間は自分と同じ意見の人には自然と好意を抱く。
②意見が不一致
意見
自分
異論
相手
好感度DOWN
自分を否定されたと感じ好感度が下がる。
③一部意見が不一致
意見
同意
同意
異論
自分
相手
好感度DOWN
一致が多いほど好意は高まるが、不一致があるとそのぶん好感度は下がる。

相手に好かれるためには、意見に同調するなど相手に合わせる必要があります。

美女と野獣カップルが少ない理由

相手との差が大きすぎると人はストレスを感じるため、人は無意識につり合いのとれた相手を選びます。これを心理学ではマッチング仮説といいます。自分と似ている相手には好意が高まる類似性効果の働きによるものです。

つり合いの取れた相手を選ぶ理由

①自分より評価が高い容姿をもつ相手には断られる（拒否される）可能性が高いことを恐れてしまいます。

②性格・価値観・経済感覚などが近い相手に対しては親近感を覚えて好意を抱きやすいのです。

③趣味や価値観が似ていると一緒に行動してもストレスが少ないため、長くつき合いやすいのです。

容姿以外でバランスが取れている場合は「美女と野獣」カップルも成立しますが、多くは自分と同レベルの相手を選ぶのです。

ココロポイント

態度でわかる相手の気持ち

好意のサイン

自分で思っている以上に、人間は**精神状態**が姿勢などに表れてしまいます。つまり、本人が意図していなくても、しぐさや態度で本心を判断できるのです。これを知っていれば、相手の好意を姿勢で見抜くこともできます。

たとえば、相手に体を向けて腕を開いて話す**オープンポジション**（➡P114）というものがあります。会話をしていて相手が無意識にオープンポジションになっているなら、こちらに心を開いていると考えてもいいでしょう。

また、相手が自分のほうに身を乗り出して話を聞いているなら、向こうはこちらにかなり興味を持っているといえます。さらに、相手が軽いボディタッチをしてくる場合は、好意を持たれている可能性が高いでしょう。

これらの**サイン**は無意識に行われるもの。口に出さなくても心ではアピールされているのです。

また、人間には**パーソナルスペース**というものがあります。このなかに好きな人が入ってくればうれしく感じ、逆に嫌いな人が入れば嫌悪感を抱きます。このパーソナルスペースの広さは人それぞれですが、先ほどあげた例は自分からそのパーソナルスペース内に他人を入れようとしているので、相手を好ましく思っている証拠といえるのです。

心理学用語Check!

ブックエンド効果

相手の好意は、体の向きにも表れます。二人が並んで座っているときに、相手が距離を詰め、顔や上半身がこちらを向いているとしたら、かなり脈ありと考えられます。これは**ブックエンド効果**と呼ばれ、女性よりも男性に多く見られるとされています。また、相手のつま先がこちらを向いている場合も同様です。ほかにも、好意を持った相手や気を許した相手の前では肩が下がる、視線を合わせてはずさない、などがあります。

第10章

心のバランスを保つには

…というわけでね
君のこと
好きになっちゃった
みたいなんだ
チラッ
え!?
どうしたの?
あ いえ
すみません!
僕も…
僕も主任のこと
ずっといいなと…
!

主任が異動してきたときから
仕事ができて人当たりもよくて
すてきな人だなって…
仕事　全然うまくいかなくて辞めようかと悩んだこともあったんですけど…
いま頑張れてるのも主任がずっと励ましてくれたおかげです
そんな…
本当はもっと仕事ができるようになってから
僕から告白するつもりだったんです
僕のほうこそ
ど　どうか
お願いします！
藤崎くん…

こうして私は
藤崎くんとつき合うようになりました
職場の人間関係にも以前のようには苦しまなくなって…
もちろんうまくいかないこともたまにはあるけど
一つひとつ前向きに取り組むように心がけています
企画部にいた頃みたいに張り切ってやれてるし

これも全部ユウさんのおかげよね…
そのユウさんですが…
ええ?
チーズ料理教室やめちゃうんですか?
もうすぐ復活するのに…
実は　もう一軒新しいクリニックを出すことになってね
わぁおめでとうございます!
かなり忙しくなってきてるのと…それに
糖質制限ダイエットのかいあって体のほうもかなり絞れたことだし
そうなんですね…
だから日比野さんともうそんなに会えなくなると思う
!

でも… そうですよね
むしろいままで仕事でもないのにこんなに親身に相談に乗ってもらってたのが…
花形料理教室のよしみだしね
それに僕もなかなか楽しかったよ
そ そういっていただけると…
でも
やっぱりちょっと不安かな…
日比野さんは十分成長したよ
きちんと周囲の人ともコミュニケーションできて以前のようには悩まなくなっているはずだよ
それに
いまはもう彼氏がいるんだからこうやってほかの男と会うのも考えないと
そんな…
いや… いまのタイミングは確かによくない
かな…
？

実は昨日ちょっとケンカしちゃって…
なるほど…
じゃあ今日は最後のアドバイスをしておこうかな
最後の…
ほら そんな深刻な顔しないで
ハッ
は はい…
ケンカはどんなカップルにもあるけど
怒りの感情をぶちまけることはそれだけで人間関係を台無しにしてしまうことも多いから
一時的な怒りの感情に支配されないようにね
そ そうですよね…
どうしても怒りの感情が抑えられないと思ったら
ストップ法や自己説得法を試してみるといいよ

心理学ファイル 28 ストップ法と自己説得法

●ストップ法…心理学者ストルツが怒りを鎮めるために有効な方法として考案しました。自分自身に何らかの刺激を与えることで、怒りの感情を一度ストップさせ、怒りの暴走を抑えて冷静さを取り戻す方法です。

体を直接刺激する
バシ
バシ
実際に「ストップ!」と声に出す
ストップ!

怒りの感情をうまく切り替えるテクニックだよ
STOP

カキ
カキ

●自己説得法…イライラの内容を自分との対話によって明確にすることで冷静さを取り戻す方法です。
ノートに書き出しながら考えると、より整理が簡単になります。

① 自分が怒っていることを認識する
② 怒りが正当なものか考える
③ 正当でないなら→見当違いだと自分にいい聞かせる（終了）
　怒りが正当なら→講義するなど解消法を検討する
④ ③で考えた解消法が望ましいものかイメージする
⑤ まだ怒りが続いているか気持ちを再確認する
⑥ ③で考えた解消法を実行する

▶P278へGO!

たしかにイライラの原因を整理すれば冷静に対策を考えられそうですね
ありがとうございます！
昨日は感情的にいい合いになっちゃった…
気をつけないとです
あとで連絡しとこっと…
うん
ストップ法もやり方は単純だけど怒りの感情を断ち切るには意外と効果があるんだよ
二人の関係が深まって行けば行くほどお互いがストレスにさらされることもきっと増えていくよ
でもね
？

心理学ファイル 29 ストレスとのつき合い方

環境からの刺激によって心身に生じる緊張がストレスです。ストレスは悩みの種ともなりますが、一方で心身の健康に不可欠なものでもあります。

モチベーションに変える	カウンセリングを受ける
適度なストレスは仕事や試験や競技などによい緊張感をもたらしてくれます。	過度なストレスで心身に不調が生じたら、専門家に頼るのも大事です。

▶P280へGO!

その通り！
でも前からいってるように抱えきれないストレスは簡単に人をおし潰してしまうから
ときには逃げることも肝心だよ
はい 気をつけます
それと…
カチャ
もうひとつ大事なことを知っておいてほしいんだけど
日比野さんは彼氏とつき合っていて彼氏とケンカしたことをいまこうやって僕に相談している
はい…
仕事をしている会社や
好きな料理を学べる料理教室…
日比野さんにはいろいろな居場所があるわけで…
そうやってそれぞれに判断基準の違う居場所をつくることは
料理教室
会社
友達
とても大事なことなんだよ

心理学ファイル 30 準拠集団

人が何かをするときの判断基準となる集団のことです。それぞれで重視されることが異なります。たとえば職場という準拠集団でストレスがあっても、友人との準拠集団での関係が良好であれば、そこで精神的なバランスをとることが可能になります。

家族	趣味の集まり	職場
例：互いを認め合う	例：適度な距離感	例：成果を重視

▶P282へGO!

無理をする必要はないけどね
自分に合ったグループや人間関係を見つけて
それを大事にしていくように意識してほしいんだ
そういう意味では僕との関係も
ひとつの準拠集団だね
私と
ユウさんの…
?
…もうあまり会えなくなるかもしれないけど…
ユウさんのおかげで
とってもすてきな準拠集団でした!

プッ
喜んでもらえて
僕も光栄だよ！
ユウさんとはそれから会っていないのですが…
あら～ みんな ありがとう～
花形料理教室
みんなで相談して先生の復帰の日はそれぞれの好きなチーズ料理を持ち寄ることにしたんです
ま～ すごいわ～

花形先生
どうぞ！
あら
チーズケーキ
かしら…
う～ん優しい味！
はい　お豆腐を
ベースにしたヘルシー
チーズケーキです
こんなに上達して…
もう教えることは
ないわね
そんな！
まだまだです
えへへ
それにしてもユウさん
教室をやめてしまって
残念だったわね
そんなこと…
ぜ～んぜん
ないんです
あら

! 心にふいに浮かび上がる考えのことを自動思考といいます。 P284へGo!

えぇー
多趣味！
どれか今度
私もごいっしょしても
いいですか？
大歓迎よ！
まずは軽く
10kmハイキング
なんてどう？
じっ
10km!?
もうユウさんに
頼らなくても
人間関係で必要以上に
悩まなくなったように
思います
自分の考え方や
接し方を工夫したり
相手のことを
理解しようと
努めたりすることで
3月
いっぱいでね
え
異動!?
周りの人との
関係は変えることが
できる――

つらそうな相手の気持ちを聞く心得を「カウンセリング・マインド」といいます。 P286へGo!

クルッ
うおっ!
わっ
ん? どうかしたの?
……
ぱあぁ
!
ああ
二人とも心配してくれたんだ!
ありがとね
ぜ 全然…
気にしてない…

心配して損した！
あはは ゴメン
僕 仕事に戻ります
たとえ新しい人間関係で問題が起きたとしても大丈夫——
結構な無理難題でどうしようかと——
フッ
大丈夫ね
今度は平気そうだな
そんなの自分で考えなさいよ
みんな心配してくれてありがと
じゃあね
自分には乗り越えていく力がある——
さぁ やるぞ！
そう信じられるから

心理学ファイル 28

怒りを鎮める簡単なやり方

キーワード ストップ法と自己説得法

人間というのは怒りの感情をため込み、それを爆発させてしまったりするものです。蓄積した怒りの感情を鎮めるための方法として、アメリカの心理学者ポール・G・ストルツが提唱したのが**ストップ法**です。

これは、自分自身に物理的な刺激を与えたりすることで、怒りの感情をリセットするという方法。自分の頬を叩く、冷たい水や熱いお茶を飲むなど、やりやすいもので構いません。非常にシンプルですが、直接的な刺激は気持ちを切り替えるために有効なのです。

また、文字通り「ストップ」と声を出して聴覚を刺激するのも効果的です。周囲にいってもらうのも有効で、怒りっぽいなら親しい人にお願いしておくのも手です。

この方法で気持ちの切り替えができたら、冷静な状態で改めて相手に自分の気持ちや考えを伝えましょう。大切なのは、一時的な怒りの感情に支配されたまま相手に気持ちをぶつけないことです。いつもいいすぎてしまう人は特に自分がちゃんと冷静になれているか、チェックするといいでしょう。

ストップ法は、落ち込んでしまったときなど、さまざまなマイナス感情を切り替えるのにも使え

解説

ストップ法で感情の爆発を予防

① 病的な不安やパニックにも

ストップ法は、元々は強迫性障害（➡P140）などの精神障害に対する心理療法のひとつとして考案されたものです。病的な不安や恐怖、パニックなどをシャットアウトするうえで、簡単で効力が高い方法です。

② 組み合わせると効果アップ

自分で「ストップ！」と声に出すときに、同時に体のどこかを叩いてみる、手を上げたり立ち上がるなど、複数のやり方を組み合わせるとより効果的とされています。

③ ストップしたら切り替える

怒りの感情をストップしたら、切り替えてほかのことを考えるのも大切です。仕事中のイライラをストップ法で停止したら、「今夜は美

る方法です。
　ほかにも怒りを鎮める方法に**自己説得法**があります。これは瞬間的な怒りを鎮めるストップ法とは違い、職場での扱いについての不満など、継続的な怒りへの対処に適しています。
　やり方は、思っていることを書き出し、それが正当なものかを判断し、解消法を検討するというもの。いったん自分の気持ちを書き出して分離することで、冷静に判断できるようになります。
　また、怒りの感情をただ押さえつけてため込んでも、いつ大爆発するかわかりません。ストップ法と違い、自己説得法は冷静になれるだけでなく、問題の解決策を考える方向に頭を切り換えられる点が非常に優れています。

味いものでも食べる！」など別のことを考えましょう。

④ 繰り返すと効果が定着

ストップ法を何度も繰り返すと慣れて効果が薄くなるのでは…と思うかもしれませんが、そうでもありません。むしろ何度もストップをかけていると、怒りやネガティブな思考になることが減っていくといわれています。

怒りの感情をコントロールするアンガーマネジメント

普通に話していたのに「急にキレる人」がいます。これは、怒りを感じたときに反射的に感情を爆発させてしまうのが原因。良好な人間関係を築くためには怒りをコントロールすることが必要で、そのために生まれた心理療法プログラムがアンガーマネジメントです。

①6秒我慢する

1･2･3･4･
5･6

怒りの感情は6秒でピークを越えるので、心のなかで6秒数えて冷静さを取り戻す。

②怒った理由を言葉にする

なぜ怒りを
感じたのか…

怒りの理由を言葉に置き換えることで「自分は何に怒りを覚えたのか」を理解します。

③論理的に説明する

この部分が
イラッとした

怒った理由を相手に伝えるために言葉を選び、相手が理解できるように説明します。

①～③は怒りの感情を消すのではなく、伝えるために行うものです。繰り返して練習することで瞬間的に感情を爆発させることなく、コントロールできるようになります。

心理学ファイル 29

ストレスは実は必要なもの

キーワード　ストレスとのつき合い方

ストレスとは、環境から与えられる刺激で人間の心身に生じる**緊張**のことです。そのなかでも、**対人関係**などの**精神的苦痛**を伴うストレスに関しては、人間の心はさまざまな形で軽減しようと働いていることはこれまでに説明してきたとおりです。

では、ストレスがまるっきりないほうがよいかといえば、そうとは限りません。というのも、ストレスは人間が生きていくうえで**必要な生理的反応**のひとつであり、**社会的生活**を送るうえでも必要だからです。

アメリカの心理学者ロバート・ヤーキーズとJ・D・ドットソンがネズミで行った学習実験では、**動機づけ**（⬇P172）として間違えるとネズミに電気ショックが与えられました。結果は「電気ショックが強すぎても弱すぎても学習効果は上がらない」というものでした。

これは、「心身にダメージを与える大きなストレス」はもちろん、「ストレスがまったくない」状態でも結果が悪いことを示しています。**適度な**ストレスやプレッシャーはむしろあったほうが**よい結果**を残したのです。

これは**ヤーキーズ・ドットソ**

心理テク

ストレスを味方につけるには

① あって当然と考える

人間のストレスは動物として危機を未然に防ぐために本来必要な機能のひとつであり、よい緊張感を与えてくれることもあります。むしろあって当然ぐらいに考えたほうが楽になります。

② 効果を評価する

あって当然と認めるだけでなく、ストレスを味方につけるには、ストレスがもたらすプラスの効果を積極的に評価するのが大切です。ストレスをポジティブにとらえることで、気持ちは前向きになります。

③ 大きなストレスを避ける

適度な緊張（ストレス）は、目標達成のためによい効果をもたらします。しかし、そのストレスがあまり長く続かないように目標は細ンの**法則**と呼ばれています。

たとえば職場で期待されることもなく空気のように仕事をしているより、「期待しているよ」と仕事を任されるほうが**やる気**が出て結果を残すといった具合です。また、仕事がうまくいったときに「次もうまくやろう」と思うことも、「今度こそは！」と失敗を取り返そうと自分にプレッシャーをかけることも成果につながります。

大事なのはストレスを感じたときに「このストレスは自分のためになる」と考えることです。

これは**マインドセット**と呼ばれる思考法で、身につけるとストレスを感じてもよい結果につながることが研究でわかっています。つまり、ストレスは考え方次第で成果を出す武器になるのです。

かく分けてゴールまでを短く設定します。段階を追って達成の努力をするとよいでしょう。

④ すべき思考に陥らない

ストレスを前向きにとらえることは大切ですが無理は禁物。「ストレスを味方につけるべき」とすべき思考に陥ると逆にストレスが増えてしまいます。

ホルモンとストレスの関係

ストレスの原因となるのはコルチゾールやアドレナリンといった活性ホルモン。危機を感じた脳が体を活発に動かすために分泌するものです。しかし、長期間の過剰な分泌は、体に悪影響を与えるため、うつ病などではそれらの発生を抑える薬が使われます。

活性ホルモン本来の働きは…

体を臨戦態勢にする

➡心拍数を上げて（ドキドキ状態）、肉体を興奮状態に（体温上昇）に

脳を活性化する

➡線維芽細胞増殖因子（FGF2）も発生

▼

長期間分泌されると…

長期間の興奮状態の維持で、体にダメージが蓄積する

血液が固まってドロドロになる

➡肉体的ダメージの蓄積で精神にも悪影響を及ぼす

短期間のストレスはパフォーマンスの向上につながりますが、長期間だと体に害が生じます。そのため、長期間で目標を達成する場合は、細分化して短期間での目標実現を積み上げるほうがよいのです。

心理学ファイル 30

居場所は多いほうがいい

キーワード 準拠集団

家族、学校、職場、大きくは国までと、人間は誰もが何らかの集団に属しています。この集団はそれぞれ異なる性質を持っており、そのなかでも自分の考え方に影響を与える集団のことを心理学では**準拠集団**と呼びます。

それぞれの集団には、「○○しなくてはいけない」など、**集団ごとのルールや考え方**があります。職場であれば「真面目に働く」、友人関係であれば「悪口をいわない」など、それぞれの集団で決まっているものです。

通常、人間はそういった異なるルールや考え方を持つ複数の集団に所属して、複数のルールを**基準**にしたり参考にしたりして、自分の考えをまとめ、物事を**判断**しています。

つまり、人間は複数の準拠集団に属することで、バランスのよい考え方ができるのです。

しかし、準拠集団の数が極端に少ない、たとえばひとつしかない場合、考え方はひとつです。

その集団の基準がそのまま自分の基準となり、疑うことも迷うこともありませんが、ほかと比較しない唯一の考え方というのは、多くの場合、極端に偏っていて問題を含んでいます。

解説

プラスになる準拠集団

① 数は多いほどいい

属する準拠集団が多いほどたくさんの判断基準にふれることができます。さらに、所属人数が多く、そのなかでの人間関係が良好で安定しているほど、各種のソーシャル・サポート（➡P224）を受けることが容易になり、トラブルがあっても対処しやすくなります。つまり、集団の数と構成メンバーの数は多いほどよく、さらにそこでの人間関係が良好であるほどよいのです。

② 考え方の調整ができる

複数の準拠集団に属していると、ある準拠集団では「常識」であったことが一般的ではないことなど、考え方が偏るのを防ぐことができます。また、長期間メンバーが固定していると変化は起きにくいですが、別の集団に入ることで別の考え方や新しい常識に触れることができ、思考の固定化を防ぐことができます。

たとえば準拠集団が職場しかなければ、会社のいいなりになりがちです。家族しかなければ親のいうことが間違っていると思えなくなります。カルト教団などでは、あえてそうするためにほかの準拠集団（家族など）と疎遠になるように仕向けたりします。

そのときに問題なのは、そのルールや考え方でうまくいかなくなった場合です。現実に立ち行かなくなっているのにほかの考え方ができず、そのため心の逃げ場がなくなり、精神的に追い込まれて心も体も壊れてしまいます。

そんな状況にならないためにも、異なる考えにふれて自分の考えを持つことができるように多くの準拠集団に所属し、居場所をつくることが大切なのです。

③ 準拠集団ごとに態度を変えない

準拠集団によっては、立場や年齢が違う人たちが集まるものもあります。そのとき、必要以上に卑屈になったり、逆に高圧的になるのは好ましくありません。ほかの準拠集団での自分と大きな差があると、精神的なバランスを損なうことがあります。

集団意識の危険性

準拠集団ごとに指針となる考え方がありますが、その意思決定を会議などで決めるときには、集団だからこそ働く心理効果に注意が必要です。

集団になると働く現象

- 反対意見をいいにくい
- 同じ意見だと正しいと思い、賛成意見をいいやすい
- 周りにあわせて同意・賛成する

日本のような母性原理の強い集団（➡ P194）で行われる話し合いでは、上記のように周りにあわせるという心理が働きがちです。すると「みんながそうなんだ」という空気が生まれて、問題点をしっかり話し合わずに偏った考え方でも決まりがちです。

ココロ ポイント

短絡的な思考から抜け出す

自動思考

ここまで紹介したように、人の心は心理学で説明できることが多くあります。しかし、どれほど頭で理解しても、瞬間的に湧き上がる感情を止めることはできません。

たとえば、お風呂のぬめりを触った瞬間に「気持ち悪い」と思うような、瞬間的に湧き上がる感情や思考のことを心理学では**自動思考**といいます。

この自動思考は、自分が**無意識に抱えている思考が表に出やすい**ことが特徴です。

たとえば満員電車での他人と接触した場合に「相手がぶつかってきた」と思うのは、自尊感情が高いことを表します。また、「わざとぶつかってきた」と思うのは、帰属の偏りの表れです。このように、**自動思考で心の状態をチェック**できるのです。多くの場合、人はこの自動思考を無意識に制御して、日常生活をすごしています。しかし、疲れやストレスなどがたまると制御できなくなり、すぐにその感情を発散してトラブルになりがちです。

そんな「湧き上がる自動思考が止められない」と感じるときは危険信号です。その状態が長く続くとうつ病やパーソナリティ障害（➡Ｐ１４０）などの精神疾患に至る可能性もあります。

それを防ぐためには、**自動思考を意識する**ことが大切です。その具体的な方法は非常にシンプル。浮かんできた感情を表に出す前に「なぜそう思ったのか」と**根源的な原因を考える**だけです。

そうやって現在の不満や問題、それに自分の心理状態に気づければ、具体的な問題解消の方法を探すことができます。

解決が難しいときでも、ストレス発散の趣味に興じてカタルシスを得たり（➡Ｐ２２６）、友人と会ってソーシャル・サポートを受ける（➡Ｐ２２４）など、セルフケアを行うことで、心身の健康を保つことができるのです。

対人関係療法で思考の固定化を解除

ストレスや疲れを原因とする自動思考の固定化は、たとえば仕事での関係性を優先するワーカホリックなど、特定の人間関係だけを重視する精神状態で起こりやすくなります。うつ病にも有効な対人関係療法の「人間関係を３つにグループ分けして、そのバランスをとる」という考え方を身につければ、人間関係の重視する順番・バランスを自分で整理できるようになり、精神的に安定します。

人間関係の優先度

優先度

高 **大切な存在**（第１層）
失うと心のバランスが揺らぐ存在
（家族、恋人、子ども、親友など）

中 **親密な存在**（第２層）
失うと心が痛む近い距離感の相手
（友人、親戚、義理の親）

低 **一定の距離がある存在**（第３層）
互いに距離を置いてつき合う相手
（仕事関係者など）

（例）育児ノイローゼ

「子ども優先」思考で周りを切り捨てた結果、孤独に陥る。

（例）ワーカホリック

「仕事以外を軽視」した結果、家族との幸せや友人との交流など心の平穏を失う。

➡バランスのとれた人間関係が、柔軟な思考には必要

心理効果を理解して感情をコントロール

「○○をやってくれない」「○○された」といった、人が相手に対して抱くマイナス感情のほとんどは、自分の心が生み出すものです。心理学で原因を分析できれば、問題解決の方法も見つけられるようになります。

役割負担の不一致

相手に対して勝手に役割を与えて、それができないと不快に思う心理です。**最初の思い込みが怒りを生む**ことを理解できれば、怒りの感情もコントロールも可能に。

ココロ ポイント

相手の悩みを聞くときは

カウンセリング・マインド

誰でもつらいときには、愚痴を聞いてもらうと楽になるものです。しかし、深刻な相談を受ける側になった場合は、話の聞き方にも注意が必要です。的確に対応するためには、心理カウンセラーのやり方が参考になります。

まず大事なのは、**相手にアドバイスしようとしないこと**です。「それって○○すればよかったんじゃない?」などというように、つい現実的なことをいいたくなるものですが、いわれたほうの相手は「意見を押しつけられた」「私の話を聞いてくれない」というように感じ、心を開くことはできません。

次に大切なのは、「私も○○だからわかるよ」などというように、**軽々しく理解したような発言をしないこと**です。相手の悩みは相手にしかわからないということを心得ておきましょう。

最後は、**話すスピードを相手に合わせる**ということ。自分と似たテンポで話す人といっしょにいることで、リラックスした状態になります。

相手の話すスピードに合わせて相槌を打つことで、「自分が肯定されている」と感じてもらうことが、相手にとって大切なのです。

ここまであげた具体的な方法はもちろん、信頼関係を築くためには**「相手の言葉をすべて受け入れる姿勢」**を伝えることを忘れてはいけません。

心理学用語 Check!

逆制止

不安や恐怖の原因を取り除こうする方法とは反対に、不安や恐怖の正反対であるリラックス状態をつくり出して不安や恐怖を解消する**逆制止**というストレス解消法があります。南アフリカの精神科医ジョセフ・ウォルピが提唱した「緊張とリラックスは両立しない」という考えに基づいたもので、実践するには漸進的筋弛緩法（➡P142）などの肉体的なリラクゼーション法などが役に立ちます。

参考文献

『愛される人、愛されない人の話し方』／ゆうきゆう 著（宝島社）

『相手の心を絶対にその気にさせる心理術』／ゆうきゆう 著（海竜社）

『相手の心を絶対に離さない心理術』／ゆうきゆう 著（海竜社）

『相手の心を絶対に見抜く心理術』／ゆうきゆう 著（海竜社）

『相手の性格を見抜く心理テスト　ゆうきゆうのキャラクター　プロファイリング』
／ゆうきゆう 著（マガジンランド）

『「怒り」がスーッと消える本―「対人関係療法」の精神科医が教える』／水島広子 著（大和出版）

『打たれ弱～いビジネスマンのためのゆうき式　ストレスクリニック』
／ゆうきゆう 著（ナナ・コーポレート・コミュニケーション）

『おとなの1ページ心理学』／1～6巻　ゆうきゆう 原作　ソウ 作画（少年画報社）

『ココロの救急箱』／ゆうきゆう 著（マガジンハウス）

『今日から使える人間関係の心理学』／渋谷昌三 著（ナツメ社）

『こっそり使える恋愛心理術』／ゆうきゆう 著（大和書房）

『3秒で好かれる心理術』／ゆうきゆう 著（PHP研究所）

『史上最強図解　よくわかる人間関係の心理学』／碓井真史 監（ナツメ社）

『渋谷先生の一度は受けたい授業 今日から使える人間関係の心理学』／渋谷昌三 著（ナツメ社）

『心理学入門― 心のしくみがわかると、見方が変わる』／ゆうきゆう 監修（学研）

『スタンフォード大学 マインドフルネス教室』／スティーブン・マーフィ重松 著（講談社）

『ゼロからはじめる！　心理学見るだけノート』／齊藤勇 監（宝島社）

『「第一印象」で失敗したときの本　起死回生の心理レシピ100』／ゆうきゆう 著（マガジンハウス）

『たったひと言で心をつかむ心理術』／ゆうきゆう 著（徳間書店）

『対人関係のイライラは医学的に9割解消できる』／松村浩道 著（マイナビ新書）

『対人関係の社会心理学』／吉田俊和、橋本剛、小川一美 編（ナカニシヤ出版）

『ダメな心によく効くクスリ』／ゆうきゆう 著（日本実業出版社）

『ちょっとアブナイ心理学』／ゆうきゆう 著（大和書房）

『出会いでつまずく人のための心理術』／ゆうきゆう 著（ナナ・コーポレート・コミュニケーション）

『「なるほど！」とわかる マンガはじめての心理学』／ゆうきゆう 監修（西東社）

『「なるほど！」とわかる マンガはじめての嘘の心理学』／ゆうきゆう 監修（西東社）

『「なるほど！」とわかる マンガはじめての自分の心理学』／ゆうきゆう 監修（西東社）

『「なるほど！」とわかる マンガはじめての他人の心理学』／ゆうきゆう 監修（西東社）

『「なるほど！」とわかる マンガはじめての恋愛心理学』／ゆうきゆう 監修（西東社）

『人間関係の心理学』／齊藤勇 著（ナツメ社）

『人間は9タイプ　仕事と対人関係がはかどる人間説明書』／坪田信貴 著（KADOKAWA）

『人づきあいがグンとラクになる　人間関係のコツ』／齊藤勇 監（永岡書店）

『「ひと言」で相手の心をつかむ恋愛術』／ゆうきゆう 著（PHP研究所）

『マンガでわかる心療内科』／1～15巻　ゆうきゆう原作　ソウ 作画（少年画報社）

『マンガでわかる　人間関係の心理学』／渋谷昌三 著（池田書店）

『もうひと押しができない！ やさしすぎる人のための心理術』／ゆうきゆう 著（日本実業出版社）

『モテモテ心理術』／ゆうきゆう 著（海竜社）

監修者 **ゆうき ゆう**

精神科医。ゆうメンタルクリニック総院長。カウンセリングを重視した方針で、50名以上の医師が年間70000件のカウンセリングを行っており、心安らげるクリニックとして評判が高い。また、医師業のかたわら、心理学系サイトの運営、マンガ原作、書籍執筆なども手がける。『マンガでわかる! 心理学超入門』(西東社)の監修、『マンガでわかる心療内科』(少年画報社)の原作など、著書多数。
Twitter：https://twitter.com/sinrinet

ゆうメンタルクリニック
上野院　https://yucl.net/ 03-6663-8813 上野駅0分
新宿院　https://yusn.net/ 03-3342-6777　新宿駅0分
池袋院　https://yuk2.net/ 03-5944-9995 池袋駅0分
渋谷院　https://yusb.net/ 03-5459-8885 渋谷駅0分
秋葉原院　https://yakb.net/ 03-3863-8882 秋葉原駅・岩本町駅0分
銀座新橋院　https://ginza.yucl.net 03-3572-8777　銀座駅 新橋駅 4分

ゆうスキンクリニック
池袋院（皮膚科・美容皮膚科） https://yubt.net/ikebukuro
03-6914-0003 池袋駅0分
上野院（脱毛専門） https://yubt.net/ueno 03-6663-8862 上野駅0分

マンガ家 **二尋鴇彦**（ふたひろ ときひこ）

イラスト	栗生ゑゐこ
デザイン	森田千秋 (G.B. Design House)
作画協力	東京デザイナー学院
執筆協力	大越よしはる
編集協力	木村伸二　土屋萌美 (株式会社G.B.)

マンガでわかる! 対人関係《たいじんかんけい》の心理学《しんりがく》

監修者	ゆうき ゆう
発行者	若松和紀
発行所	株式会社 西東社
	〒113-0034　東京都文京区湯島2-3-13
	http://www.seitosha.co.jp/
	営業　03-5800-3120
	編集　03-5800-3121〔お問い合わせ用〕

※本書に記載のない内容のご質問や著者等の連絡先につきましては、お答えできかねます。

ISBN 978-4-7916-2716-5